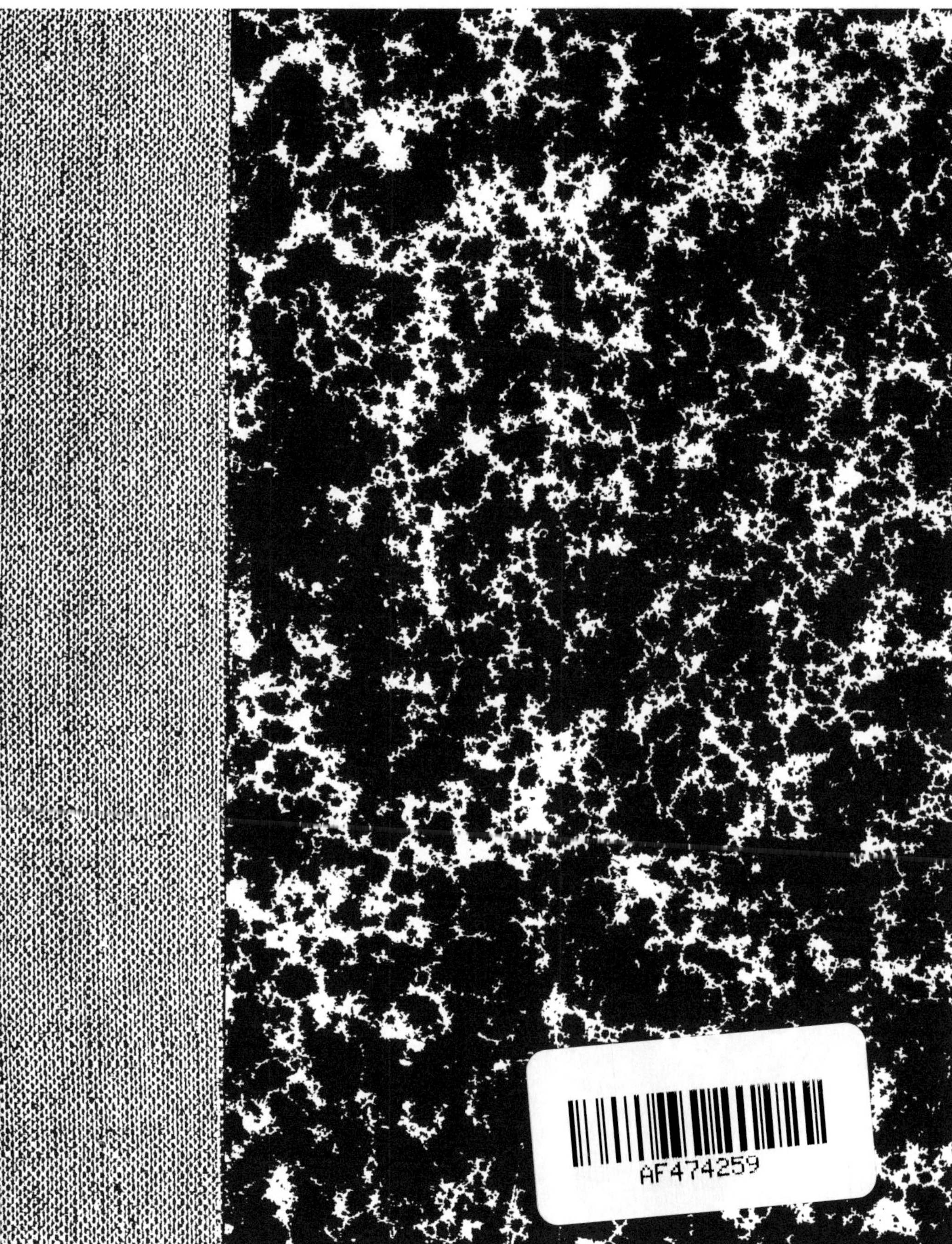
AF474259

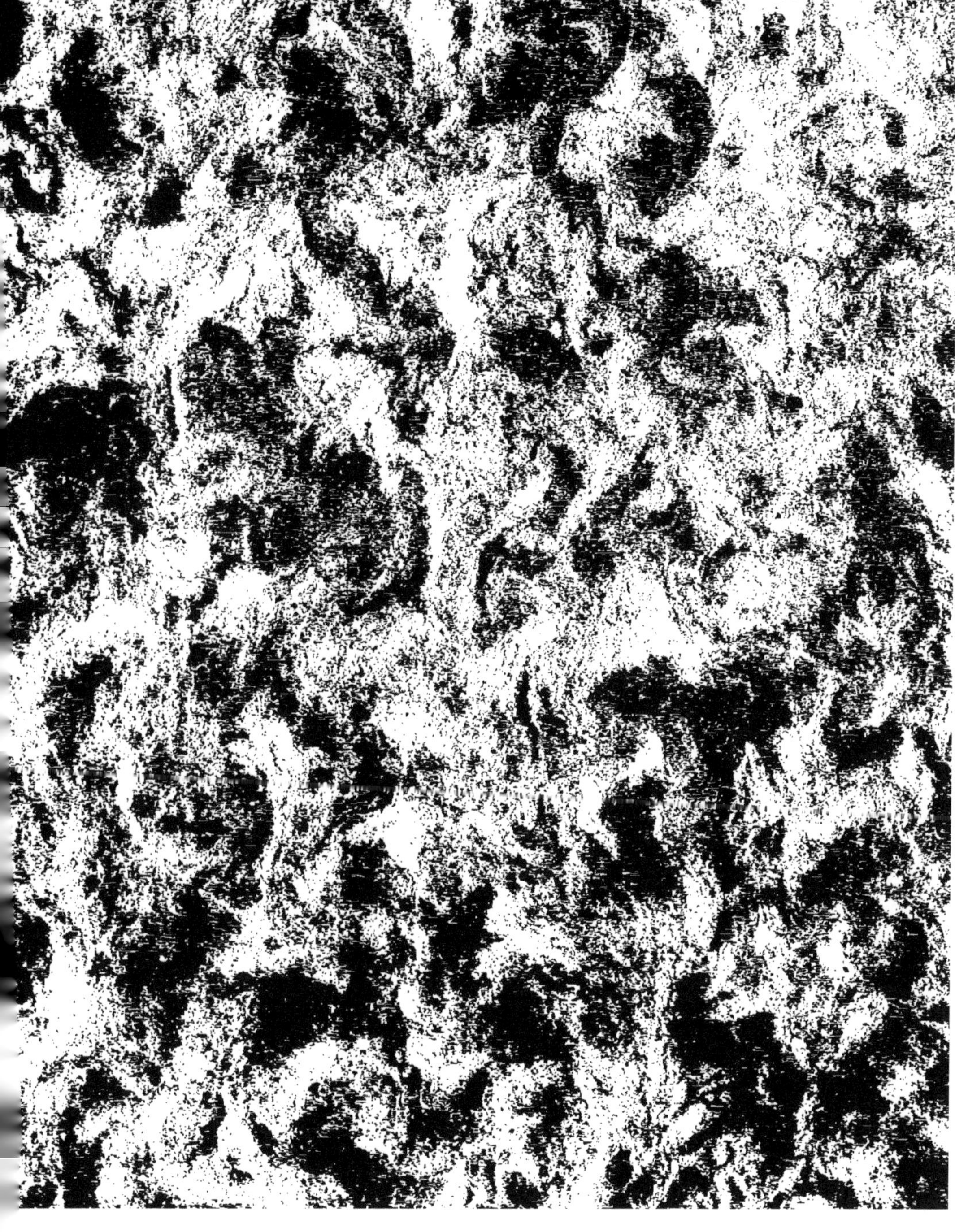

J. SCHM[illegible]

CAMPAGNES

DE

ALEXANDRE FARNÈSE

Duc de Parme & de Plaisance

1591-1592

AUMALE — CAILLY — CAUDEBEC

PAR

M. LE CAPITAINE DE TERRIER-SANTANS

PARIS
BERGER-LEVRAULT & Cie
ÉDITEURS
5, RUE DES BEAUX-ARTS, 5.

ROUEN
SCHNEIDER FRÈRES
LIBRAIRE
24, RUE JEANNE-DARC, 24.

M.DCCC.LXXX.VIII.

CAMPAGNES

DE

ALEXANDRE FARNÈSE

ALEXANDRE FARNEZE Duc
de Parme et de Plaizance
Gouverneur de la Belgique mort le
3 Decemb. 1592

CAMPAGNES

DE

ALEXANDRE FARNÈSE

Duc de Parme & de Plaisance

1591-1592

AUMALE — CAILLY — CAUDEBEC

PAR

M. LE CAPITAINE DE TERRIER-SANTANS

PARIS
BERGER-LEVRAULT & Cie
ÉDITEURS
5, RUE DES BEAUX-ARTS, 5.

ROUEN
SCHNEIDER FRÈRES
LIBRAIRE
24, RUE JEANNE-DARC, 24.

M.DCCC.LXXX.VIII.

INTRODUCTION

En 1887, M. le Ministre de la Guerre prescrivait aux corps de troupe de faire des recherches historiques dans les archives de leur ville de garnison, sur les actes et documents militaires pouvant intéresser le ministère de la guerre. Le colonel du 12me régiment de chasseurs me confia ce travail, et, grâce aux conseils, à la direction, à la complaisance de M. Ch. de Beaurepaire, je pus consulter, classer et coordonner les nombreux manuscrits que renferment la bibliothèque et les archives de la ville de Rouen.

Quand un officier de cavalerie fouille dans les vieux parchemins et se transforme en paléologue, il est bien emprunté et fait triste figure, surtout lorsqu'il a laissé bien loin derrière lui les souvenirs du cours d'histoire préparatoire à Saint-Cyr; sa science historique se borne alors aux campagnes de Napoléon Ier, qu'il a détaillées bien souvent sur le tableau noir aux sous-officiers proposés pour l'avancement.

Il entend le canon de Montenotte, d'Arcole, d'Iéna, d'Austerlitz et de Wagram, il charge avec Murat, défend avec Hoche les lignes de Vissembourg et a toujours les yeux sur le Rhin que son étendard a tant de fois passé.

Les recherches historiques, prescrites par la circulaire de 1887, devaient commencer à 1590. Dès le début, je trouvai une série de pièces et de documents qui m'intéressèrent vivement.

En 1591, Rouen soutint un siège contre Henri IV; ce siège dura du 3 décembre 1591 au 20 avril 1592.

Un témoin oculaire, le capitaine Valdory, dans un volume devenu rare, a détaillé les péripéties, les horreurs, les drames et les combats de ce siège. L'énergie des habitants, leur tenacité, leur courage n'ont pas faibli un instant et leurs portes ne se sont point ouvertes.

Alexandre Farnèse, duc de Parme et de Plaisance, avec une armée de 25,000 hommes, force Henri IV à lever ce siège, et, du 24 février au 13 mai 1592, ces deux grands généraux, Henri IV, roi de Navarre, et Alexandre Farnèse, combattent sur le plateau de Neufchâtel avec 60,000 hommes. Alexandre Farnèse, dont il est très peu parlé dans les archives et les livres que je consultai, me passionna, et j'ai voulu étudier à fond sa campagne en Normandie. Grâce à l'obligeance de M. l'abbé Sauvage, bibliothécaire-adjoint du chapitre de Rouen, j'eus entre les mains de précieux documents. M. l'abbé Sauvage me confia la marche d'étapes d'Alexandre Farnèse et les cantonnements de ses troupes pendant sa deuxième campagne en Normandie; une copie des mémoires inédits d'Antoine Monbéton, seigneur de Saint-Paul, et d'un certain nombre de lettres ou pièces, également inédites, provenant des archives du royaume de Belgique, et apportant un important appoint aux sources déjà publiées.

Ces documents m'ont permis d'étudier le plan d'Alexandre Farnèse et de suivre cette campagne pour ainsi dire pas à pas.

Les principes de l'art militaire n'ont point changé depuis trois siècles. Alexandre Farnèse a fait marcher son corps d'armée comme nous le faisons marcher aujourd'hui; la longueur des marches, les règles de cantonnements, les dispositifs de marche sont les mêmes.

La cavalerie était une cavalerie légère qui hussardait, sabrait, explorait, battait l'estrade et tenait au courant le général de ce qui se passait chez l'ennemi; tantôt cette cavalerie était en avant, tantôt sur les flancs, tantôt sur les derrières.

C'est donc une étude absolument militaire que je me suis permis de faire. Trois siècles bientôt nous séparent de ces grands événements; en 1870, le 12me Chasseurs, semblable à la cavalerie d'avant-garde de Farnèse, combattait à Étrépagny et défendait Rouen; pendant nos voyages d'étude et de manœuvre, nous avons parcouru toutes les étapes de Farnèse, qu'il soit donc permis à un officier de ce beau régiment de retracer une époque de la vie de ce grand général qui a soutenu le courage des Rouennais et fortifié leur foi.

Avant d'entrer en matière, nous devons faire connaître notre héros aux lecteurs.

Alexandre Farnèse, duc de Parme et de Plaisance, gouverneur de la Belgique, descendait d'une antique race que quelques-uns ont crue originaire d'Allemagne mais qui, plus probablement, a pris son nom de Farneto, château proche d'Orviete en Toscane.

Pierre Farnèse, premier du nom, était consul d'Orviete en 1027 et encore en 1037 ; à la même qualité Pierre II qui vivait en 1099 joignit celle de général de cavalerie de l'Eglise, qui, du reste, confia souvent le commandement de ses troupes à des membres de cette famille. L'un d'eux, Rainuce III, les commandait en 1432 : le pape Eugène IV lui fit présenter la Rose d'or, que les pontifes romains bénissent le quatrième dimanche de Carême, et qui n'est ordinairement offerte qu'aux princes souverains.

Rainuce III eut pour petit-fils Alexandre, qui fut pape et prit le nom de Paul III. Avant son pontificat, Alexandre Farnèse avait eu plusieurs enfants, dont Pierre assassiné à Plaisance en 1547, et qui de son mariage avec Diane de France, fille légitimée de Henri II, avait eu Octave Farnèse, duc de Castre et de Camerino, général des troupes de Jules III, pour lequel il reprit Parme et Plaisance.

C'est du mariage d'Octave avec Marguerite d'Autriche, fille naturelle de Charles Quint et de Marguerite Vangesle que naquit Alexandre, dont nous allons raconter les exploits en Normandie. Après l'avoir initié à toutes les vertus guerrières, son père mourut en septembre 1586; quant à sa mère, qui était née quatre ans avant le mariage légitime de Charles Quint, dont elle fut le premier enfant, elle avait mis tous ses soins à former le cœur de son fils par une piété solide.

Aussi, religieux et vaillant, Alexandre Farnèse brilla-t-il par son conseil autant que par sa valeur. Partout il se distingue et fait preuve de qualités militaires hors ligne. Il fait la guerre sur mer contre les Turcs, contre les Anglais, contre les Hollandais, nulle bataille ne se livre, aucun siège n'a lieu de son temps où il ne se soit distingué. Devant Paris et devant Rouen, il balance pendant un temps les destinées du roi de Navarre. Il conserve la Belgique au roi Catholique, est le restaurateur des églises, l'appui et le bras droit du Saint-Siège, le père des pauvres.

Notre intention n'est pas d'en raconter la vie, mais d'en étudier la tactique et de faire ressortir les qualités guerrières dont il fit preuve dans sa lutte contre un adversaire digne de se mesurer avec lui.

La double campagne militaire qui marque les premiers mois de l'an 1592 décida du sort de la France en assurant à Henri IV, roi de Navarre, la couronne qui lui était due par sa naissance, ce qu'il lui fallait conquérir. Nous allons nous attacher à en marquer les étapes et les principaux épisodes.

PREMIÈRE CAMPAGNE DE FARNÈSE

JANVIER ET FÉVRIER 1592

AUMALE

En 1590, Henri IV venant de remporter la victoire d'Arques et de recevoir des renforts du roi d'Angleterre, marche sur Paris, force cinq faubourgs, mais obligé de se retirer à l'approche des ducs de Mayenne et de Nemours, il se porte sur Dreux. Le duc de Mayenne marche au secours de cette ville; la bataille d'Ivry est livrée le 14 mars, le roi de Navarre victorieux assiège Paris une seconde fois.

C'est alors que le roi d'Espagne, Philippe II, envoie le duc de Parme au secours de la Ligue avec ses meilleures troupes. Henri IV se porte au devant de Farnèse qui, content d'avoir fait lever le siège de la Capitale, évite le combat, prend Lagny et Corbeil, jette des vivres dans Paris, puis se retire aux Pays-Bas. Henri IV continue sa lutte pour la couronne. Le duc de Mayenne ayant choisi la Normandie comme centre d'action, le roi de Navarre entreprend la soumission de cette province en venant mettre le siège devant Rouen, le 3 décembre 1591. Cette ville était investie depuis la fin d'octobre.

Les forces du roi de Navarre dit Antoine Monbéton, seigneur de Saint-Paul, qui nous a laissé un récit très détaillé de cette campagne, se composaient de :

« Huict mil lansquenetz et quatre mil chevaulx reistres completz, envoyez par les ducs Casimir de Saxe et autres ses alliéz ; comme aussy il joingnit la levée de quatre mil suisses par luy ou les siens auparavant praticqué avec lesquelz il s'achemina droict joindre deux mil anglais et deux autres mil hollandois que le comte Maurice lui despescha, auxquelz ledict roy de Navarre joingnit soubz la charge du mareschal de Biron trois mil hommes de pied françois et huit cent chevaulx de la mesme nation, outre quelques cincq cents reistres qui lui restoient des levées precédentes, lesquelz tenans la campagne en Normandie se préparoient au siège de

Rouen qui se trouva investi le 23 octobre 1591 (1). » Les forces d'Henri IV se montaient donc en décembre 1591, à un total de 20,000 fantassins et 8,000 chevaux, force d'un corps d'armée actuel, car il faut ajouter les non-combattants, qui pouvaient être de 5,000 à 6,000. Biron s'était emparé de Louviers, de Gournay et de Caudebec ; et Henri IV occupait Darnétal et Fontaine-le-Dun, ainsi Rouen se trouvait cerné.

« Pour faire face à ce danger et résister, le seigneur de Villars, lieutenant general au gouvernement de Normandie et admiral de France, assisté de deux mil hommes de pied et de quatre cens chevaulx, se jetta dans la dicte ville de Rouen en résolution d'empescher son ennemi de triumpher de ses despouilles et de se vanter de l'avoir faict sortir d'une place où il s'estoit renfermé (2). »

C'est avec ces faibles ressources que Villars va lutter jusqu'au 14 février. Il ne désespère pas, car il attend les secours du duc de Parme.

Le maréchal de Villars avait sollicité le secours d'Alexandre Farnèse dès qu'il avait senti que Rouen allait être l'objectif du roi de Navarre et il

(1) Mémoires d'Ant. Montbéton, 1 fol. 69.

(2) Mémoires ibid., fol. 69 verso.

entretenait une correspondance active avec le gouverneur des Flandres en même temps qu'il poussait les bourgeois à une résistance vigoureuse comme le prouvent les registres des délibérations du Conseil de ville (1) qui nous apprennent que, le 27 juillet 1591, Villars tint une Assemblée pour obtenir l'achèvement des fortifications.

Le prince de son côté pressait les armements comme le prouve la lettre suivante écrite de Spa, le 29 septembre 1591 :

« *A noz tres chiers et bien amez les Président et gens du Conseil du Roy, Monseigneur, en Artois.*

« Alexandre, duc de Parme, etc., chevalier de l'Ordre, lieutenant, gouverneur et capitaine général.

« Très Chiers et bien amez. Aiant besoing pour le prochain voiaige de France de quelque bon nombre de charriotz, nous avons tauxé le pays et conté d'Artois a trente-six, y compris les douze qui sont demeurez en France pour le service de notre Maison, nous requérant, et de par Sa Majesté ordonnant, que, pour le 20 du mois prochain, ayez à faire lever les vingt quatre restans et à les faire tenir pretz chacun chariot fort et puissant, attelé de quatre bons chevaulx; faisant la répartition d'iceulx sur chacune ville et quartier le plus également que pourrez, sans charger l'une plus que l'aultre. Et afin de rendre les propriétaires tant plus voluntaires,

(1) Registre, A. 20.

les pourrez asseurer que leurs ferons paier les dix solz que l'on est accoustumé donner pour chacun cheval par jour, y comprin le sallaire des chartons et serviteurs. Vous requérant et ordonnant de rechief y user de toute diligence, afin qu'il n'y ait aulcune faulte. A très chiers et aimez notre Seigneur vous ait en garde (1).

« Signé : ALEXANDRE. »

Cette lettre est intéressante, car elle prouve que le droit de réquisition existait déjà. Le corps d'armée de Farnèse marchait comme de nos jours et était loin de s'affranchir des *impedimenta*, puisque notre corps d'armée marche actuellement avec 1,700 voitures et Farnèse en avait 2,000.

Tandis que ces levées s'opéraient dans les Flandres, Mayenne de son côté conviait tous ses amis à faire tête au roi de Navarre en sorte que, nous dit le seigneur de Saint-Paul :

« Lorsque le duc de Parme, avec de belles forces, se fut rendu en l'armée, il trouva : Monsieur de Vaudemont, fils du duc de Lorraine, avec près de quatre cens chevaulx ; le duc de Monte-Marsen avec cinq cens chevaulx italiens, deux mil cinq cens suisses et quelques cinq cens italiens, fantassins ; le duc de Guyse avec deux cens chevaulx,

(1) Archives du Pas-de-Calais, série B, article 615, pièce 69.

le duc d'Aumalle, avec six cens chevaulx ; le comte de Challaigny avec près de deux cens chevaulx, sur lesquels commandoit le duc de Mayenne, assisté de près de huict cens chevaulx françois commandez par les seigneurs de la Châtre, de Rone, de Victry, baron de la Châtre, et près de douze cens fantassins de la mesme nation (1).

« Quant aux estrangers, ausquels commandait le duc de Parme, ils estoient en nombre de quinze cens chevaulx et pres de huict mil fantassins, sans près de quatre mil lansquenets qui avoient joint le corps de l'armée lorsqu'elle estoit à Verdun.

« Bref, au plus près de la vérité, l'armée catholique se trouvait composée de quinze mil fantassins, de près de quatre mille chevaulx laquelle après maints secours ès environ de Ham et ailleurs attendans la nécessité de secourir Rouen, s'y acheminèrent encore qu'ils n'esgalassent les forces ennemies. »

En effet, ce total accuse une infériorité numérique 5,000 hommes de pied et de 4,000 cavaliers sur les chiffres fournis plus haut par Monbéton, comme étant ceux de l'armée de Henri IV. Mais il ne faut

(1) Mémoires d'Antoine Monbéton, fol. 71, verso.

pas oublier que le Seigneur de Saint-Paul est ligueur et que partout son récit est empreint d'une partialité qui peut donner à craindre qu'il n'ait grossi les forces ennemies en diminuant celles de son parti.

Bien que la lettre d'Alexandre Farnèse que nous venons de reproduire remonte au mois de septembre, ses troupes ne paraissent pas avoir marché sur Rouen avant le mois de février suivant. C'est que la fin de l'année 1591 fut marqué par un hiver des plus mauvais. « Il y eut à cette époque des pluies excessives, des gelées rigoureuses, des neiges abondantes (1) » qui doivent beaucoup retarder la marche de l'armée de secours.

En apprenant sa venue, Henri IV, sans lever pour cela le siège de Rouen, rassemble une partie de ses troupes et court au-devant de l'ennemi qui arrivait par la vallée de la Somme et menaçait Neufchâtel. Fanèse sachant bien que la possession du plateau de Neufchâtel lui donnerait la clef du pays et les moyens d'arriver jusqu'à Rouen.

La situation était grave pour l'armée du roi ; il allait être obligé de combattre contre Rouen qui, commandée par Villars, se défendait bravement,

(1) Sully.

et en même temps de tenir tête à une armée nombreuse, conduite par le plus habile capitaine du siècle. Henri IV poursuivit le siège de Rouen et chercha à diminuer le danger qui le menaçait du côté du duc de Parme. Sur 10,000 chevaux, dont se composait son armée (1), il en prit trois ou quatre mille, autant de reitres, mille arquebusiers à cheval, et partit le 29 janvier.

Le roi était accompagné du baron de Biron, de Bellegarde, grand écuyer de France, de Lavardin, de Rambures, de Praslin, Champlivaux, Montigny, Sully et de ses autres lieutenants les plus fidèles.

Henri IV se dirigea sur Amiens par Londinières, Gamaches, Blangy, Sénarpont, et le troisième jour il arriva à Folleville, village situé aux environs d'Amiens.

Il avait fait une moyenne de quarante à cinquante kilomètres par jour.

Le roi apprit alors que l'armée de Farnèse, prenait la route directe de Rouen, marchait au milieu de la plaine, en cotoyant le grand chemin. Il envoya immédiatement une avant-garde qui s'aventura et fut repoussée. Il fit alors ordonner

(1) Davila.

au duc de Nevers, qui commandait le gros de sa troupe, environ six mille chevaux, d'avancer à son secours. Il espérait avoir enfin saisi l'occasion, qu'il attendait depuis longtemps, d'engager un combat avec sa cavalerie contre la cavalerie ennemie, sans que l'infanterie, qui lui était bien supérieure, put donner; mais le duc de Parme, fidèle à sa prudente tactique, envoya à sa cavalerie l'ordre de se retirer; elle se plaça à l'abri des nombreuses piques de son infanterie. Henri ne jugea pas prudent, avec sa faible armée, de se briser contre ce gros bataillon. Sully ajoute que l'on alla se reposer dans un bourg appelé Breteuil et dans les villages voisins, où l'on fut fort pressé, car l'ennemi était si proche qu'il ne fallait pas s'écarter; plusieurs même furent logés au piquet, et c'était très dur, car la neige couvrait la terre.

Le lendemain Henri IV vint à Aumale, il logea la plupart de ses gens dans les faubourgs, puis il tint conseil avec ses principaux officiers et résolut, dit d'Aubigné, pour faire quelque chose de gaillard, d'envoyer le gros de ses troupes à Neufchâtel, de retenir seulement 450 chevaux d'élite et 500 arquebusiers à cheval, sans aucun bagages, d'aller lui-même reconnaître l'armée ennemie et d'entamer celui de ses escadrons qui viendrait à s'écarter (1).

Il laissa les ducs de Nevers et de Longueville à la garde d'Aumale.

On était au 5 février; Henri IV partant ainsi à la rencontre du duc de Parme composa sa troupe de 40 de ses meilleurs compagnons, commandant chacun une escouade de dix cavaliers ; il ne voulait garder avec lui que les trente de sa cornette blanche ; mais malgré sa résistance, il fallut bien qu'il acceptât 120 cavaliers (2).

Il traversa les vignes qui s'étendaient à quelque distance de la rivière sur le coteau, vers la Picardie.

Il gravit ce coteau. Le ciel était fort sombre, chargé de brouillards.

Tout à coup le roi de Navarre se trouva en présence de l'armée ennemie toute entière, qui s'était avancée derrière une colline; cette armée était à quelques pas seulement du faible escadron du roi.

La nombreuse armée de la Ligue marchait dans un ordre excellent; elle formait un carré de

(1) Sully.

(2) Histoire de la ville d'Aumale, par E. Sémichon.

16 à 18,000 fantassins et de 6 à 7,000 cavaliers.

L'infanterie devait au besoin s'ouvrir en tête, pour donner passage à l'escadron qui avait toute la confiance du duc de Parme, et pour permettre à cet escadron de s'élancer, sur un signal donné, contre l'ennemi. Deux autres escadrons étaient à l'arrière et devaient au besoin exécuter le même mouvement par les ouvertures ménagées dans le carré d'infanterie (1). Les flancs de cette infanterie étaient protégés par les chariots. Aux abords et sur les ailes s'étendaient la cavalerie légère et les carabins.

Henri IV resta donc en face de l'armée ennemie.

D'abord le duc de Parme ne fit que de fausses charges; il craignit de s'engager, n'imaginant pas que le roi fût ainsi séparé de son armée, avec quelques cavaliers seulement; mais ses chevaux légers, voltigeant dans la plaine tout autour de la troupe du roi, lui ayant appris le petit nombre de gens qu'il avait à combattre, il ordonna de charger de tous les côtés. Henri fut donc, lui et les cent cavaliers qui l'escortaient, poursuivi, enveloppé, attaqué de tous côtés par la cavalerie entière des ennemis, forte de 6 à 7,000 hommes. Il fut obligé

(1) Histoire de la ville d'Aumale, par E. Sémichon.

de reculer précipitamment ; le désordre se mit dans sa petite troupe qui descendait la montagne l'épée dans les reins, embarrassée dans les échalas et les ceps de vigne. Les hommes tombaient à chaque pas (1).

Le roi voulut demeurer des derniers ; il fut exposé à une grêle d'arquebuzades, reçut un coup un peu au-dessous des reins ; alors il cria :

« Charge à tous ; »

il fut obéi. Ses compagnons avaient montré le plus brillant courage. Mais tous ces braves gens étaient perdus sans le duc de Nevers qui, avec un gros de cavaliers, où étaient les comtes de Flavigny et de Montgommery, Montigny et le grand écuyer, s'avance pour dégager le roi et ses compagnons.

Le duc de Parme poussa jusque dans Aumale, mais voyant que la nuit approchait, et que ses soldats étaient acharnés au pillage de la ville, il n'osa poursuivre le roi, qui put se reposer à Neufchâtel et recevoir les soins que nécessitait sa blessure.

Farnèse poursuivit sa marche sur Neufchâtel qu'il attaqua le jour du mardi-gras (12 Février).

(1) Histoire de la ville d'Aumale, par E. Sémichon.

Avant d'aller plus loin, qu'il me soit permis quelques réflexions sur ce combat d'Aumale que le roi de Navarre appelait l'erreur d'Aumale.

Etudions d'abord le dispositif de marche de Farnèse en rase campagne. Le grand homme de guerre craignait la cavalerie nombreuse d'Henri IV ; les armes de guerres étaient à cette époque peu perfectionnées et les piquiers n'auraient pu résister à une attaque vigoureuse de cavalerie. C'est pour cette raison que le duc de Parme forma son armée en carré, les charriots protégeant les ailes de l'infanterie, et l'infanterie protégeant la cavalerie lourde.

Le maréchal Bugeaud, pendant les guerres d'Afrique, adopta cet ordre de marche : l'infanterie, armée de bons fusils, formait le carré autour des convois portés à dos de chameaux et la cavalerie légère protégeait les flancs et le front.

Nous voyons d'un autre côté que Farnèse n'a engagé résolument le combat qu'après avoir été renseigné par sa cavalerie légère, sur le nombre et la situation de l'ennemi qu'il supposait à Aumale fortement défendu et ne croyait pas qu'Henri IV aurait l'audace de l'attaquer avec si peu de monde.

Quant à Henri IV, il a agi dans cette attaque avec une audace inouïe qui aurait pu lui coûter cher. Aumale a arrêté la poursuite et Nevers l'a sauvé. S'étant engagé dans un combat inégal, il aurait dû battre en retraite de suite et s'établir sur le plateau de Neufchâtel. En rassemblant là toutes ses forces, il tenait la clef de la position. Sa blessure lui enlève sans doute une partie de ses facultés et au lieu de rester à Neufchâtel il quitte cette position et laisse Farnèse s'en emparer.

« Dans la ville commandait le sieur de Givry, et Palcheul dans le château ; la batterie était de dix pièces de canon, si forte et si violente qu'après avoir enduré 800 coups de canon, et la brèche assez grande près la porte des fontaines, sur le point de l'assaut, fut la composition arrêtée au dit sieur de Givry par ledit duc de Parme, vie et bagues sauves de ses gens de guerre et des habitants, par le moyen du s^r de la Chartre qui était beau-père dudit Givry et près du sieur Dumaine (*sic*).

« Le lendemain de ladite reddition on assiégea le château où Palcheul commandoit, lequel perdant courage et les siens, sans attendre un seul coup de canon, quoyque le Roy, qui était au bourg d'Auffay, lui eut mandé qu'il lui enverroit du secours, et qu'il eut brulé mes deux maisons et autres qui étaient aux environs du dit château rendit la place, qui était bonne à l'Espagnol, vie et bagues sauvés (1). »

Voilà donc Farnèse maître du plateau de Neufchâtel. Pourquoi ne marche-t-il pas droit sur Rouen et reste-t-il dans cette position jusqu'au 24 février, et exécute-t-il sa retraite sur Saint-Esprit-de-Rue ?

Henri IV possédait bien une trentaine de mille hommes, mais ces trente mille hommes étaient éparpillés et disséminés. D'abord, ceux qui faisaient le siège de Rouen ne bougeaient pas et construisaient des mines à l'entrée de la ville. Le Roi avait ses réserves à Gisors, et des forces à Dieppe ; Biron tenait Louviers et Caudebec c'est pourquoi, après la défaite d'Aumale, les troupes royales battues se sont retirées sur Gisors et Rouen, mais Henri IV put passer de sa personne avec quelque cavalerie, ce qui fait dire à Montpleinchamp, auteur d'une histoire d'Alexandre Farnèse (1692) :

« Henri IV se fit panser à la hâte dans le bois,

(1) *Histoire de Neufchâtel*, par F. Bouquet.

à demie lieu d'Aumale ; puis il courut à Neufchâtel et de là à Dieppe. »

Il se rendit à Dieppe pour prendre le commandement des 12,000 Anglais qui y étaient, il prit également des troupes à Caudebec, et vint s'établir à Bellencombre, sa gauche à Dieppe, sa droite à Caudebec. Henri IV occupait là une position formidable. L'armée de Farnèse était fatiguée de deux combats successifs et se réduisait à 10,000 hommes. Henri IV avait des troupes fraîches. Toutefois, Farnèse attaque Bellencombre le 26 février, et, en même temps, Villars fait une sortie contre les assiégeants. Cette sortie est victorieuse et 800 hommes de l'armée du roi de Navarre sont couchés sur le carreau (1).

Henri IV se trouve dans une position critique, son intention est de lever le siège de Rouen, lorsque Philippe de Nassau promet un secours. Le roi de Navarre renforce alors l'armée assiégeante et attend à Gisors l'arrivée des renforts français et étrangers.

Farnèse exécute sa retraite avec ce qui lui reste de troupes, après avoir toutefois dirigé sur

(1) Valdory ne parle que de 600 hommes tués à l'ennemi.— Discours du siège de Rouen, fol. 46.

Rouen 800 hommes qui y arrivèrent le 8 mars, et « passèrent malgré toutes les sentinelles et corps de garde de l'ennemy, jusque sur la contrescarpe du fossé de la ville, sans avoir perdu un seul homme, voire sans y avoir esté aucun blessé. »

C'est un fait bien important que Valdory nous rapporte, car si 800 hommes sous la conduite du sieur du Bossu ont pu entrer dans Rouen, il est bien certain que des vivres et des munitions ont pu également entrer dans la ville, et cette diversion de Bellencombre, accompagnée des sorties continuelles exécutées par Villars, les 27 février et les 4, 5, 7 mars, permet le ravitaillement partiel de la place.

Le même auteur le témoigne du reste :

« Nos barques, les jours précédents et le jour même (11 mars 1592), apportèrent bon nombre de bleds, fourras, foin, vin, harenc, et autres munitions à la vue de l'ennemy, sans qu'il leur peust donner aucun empeschement. »

Ayant ainsi atteint le but qu'il poursuivait, le duc de Parme se retire sur Saint-Esprit-de-Rue et s'occupe sans tarder de réunir de nouvelles levées pour une prochaine campagne, qu'il ne peut commencer que le 16 avril 1592.

Farnèse a donc exécuté sa retraite parce que :

1° Ses troupes étaient fatiguées et trop faibles en comparaison des forces ennemies ;

2° Il était convaincu qu'Henri IV allait lever le siège, faute de ressources en homme et en argent ;

3° La position que Henri IV avait prise à Bellencombre était dangereuse pour la ligne de retraite de Farnèse.

Du reste, le sieur de Montpleinchamp nous donne clairement l'explication de ce que nous venons d'avancer :

« Alexandre se mit tout à coup en campagne le 26 Février et il prit à la gauche la route de Bellencombre.

« Villars qui commandait dans Roüen, animé de la proximité du duc de Parme, aiant laissé la Londe pour commander dans Rouen à sa place, sortit brusquement sur les assiégeants.

« Il gagna toutes les avenues des tranchées, et aiant renversé les gardes, il encloua une partie de l'artillerie, et il mit l'autre sur le fossé ; il rompit les instruments, les machines de guerre, il éventa les mines ; il brûla les munitions ; il porta partout la terreur, la désolation et la mort. L'infanterie assiegante en fut si effraié, qu'elle prit la fuite vers Darnétal sans faire aucune résistance.

« Larchant capitaine des gardes de Henri IV y perdit la vie et le maréchal de Biron reçut une arquebuzade en la cuisse. Mais les Lansquenets de Henri IV étant survenus a temps repoussèrent les assiégés dans leur ville. Henri IV perdit 800 de ses soldats dans les tranchées, deux mestres de camp et 14 capitaines. Les assaillants ne perdirent que 50 hommes.

« Le duc de Parme considérant que cet échec était capable ou de désespérer les assiegeants ou de ne les laisser pas agir pour longtemps, se contenta de faire entrer dans Rouen 800 braves valons sous la conduite du comte du Bossu, et du sieur La Berlot ; et puis il alla mettre le siège à St Esprit de Rüe, place très forte de cette frontière.

« Henri IV voiant d'un côté l'armée Espagnole retirée et de l'autre un puissant secours que le comte Philippe de Nassau lui amenait de la part des Hollandais, pressa Rouen plus que jamais ; mais Villars s'en mis si peu en peine qu'il fit courir la bague durant le siège entre les portes de S. Hilaire et de Martinville. Les assiegez cependant aussi bien que les assiegeants eurent divers malheurs. Franqueville l'un des plus braves des assiegez fut tué dans une sortie ; la Londe sergeant major et plusieurs capitaines y furent blessez. Du côté des assiegans Givry fut blessé mortellement. »

Voici donc exactement les évènements tels qu'ils se sont passés. Durant cette première campagne à partir du 26 février 1592 et jusqu'au 15 avril, les deux armées se renforcent par des levées et des secours. Alexandre Farnèse établit son quartier général à Landrecies, puis à Rue. Henri IV est tantôt à Gisors, tantôt à Darnétal. Rouen endure toutes les souffrances du siège et supplie encore Farnèse de marcher au plus vite à son secours.

I

DEUXIÈME CAMPAGNE DE FARNÈSE

du 16 avril au 30 mai 1592

CAILLY. — CAUDEBEC

Dès son arrivée à Rue, Farnèse abandonna la conduite de ses troupes à son fils Rainuce, et s'occupa activement de renforcer ses troupes par de nouvelles levées. Avant d'abandonner la Normandie, Alexandre avait laissé 800 hommes de garnison à Neufchâtel, et c'est par cette ville qu'il se maintint en relations constantes avec Rouen.

Le maréchal de Villars, pressé dans Rouen, se trouve au mois de mars 1592 dans la plus grande détresse et presse Farnèse de se mettre en route pour venir sans tarder à son secours. Il lui représente que l'armée d'Henri IV, lassée des fatigues et des rigueurs de l'hiver, se débande extrêmement.

Mais Farnèse ne peut être prêt avant le milieu d'avril, les levées sont difficiles à faire, l'indiscipline s'est mise parmi ses troupes.

Les papiers d'Etat de l'audience du gouvernement des Flandres, conservées dans les archives du royaume de Belgique, qui nous fournissent sur cette campagne les documents les plus précieux (1) accusent clairement les situations.

Le gouvernement de Picardie avait grand peine à rassembler les soldats débandés qui exigeaient de l'argent avant de se mettre en campagne et se rassemblaient dans de mauvais desseins.

(1) Archives du royaume de Belgique, papiers de l'audience, liasses 297 et 298.

L'indiscipline qui régnait dans ces troupes était telle, que les gens du duc de Parme allèrent jusque à incendier la maison épiscopale de Vernois appartenant à l'évêque d'Amiens, qui adressa au prince de vives réclamations (10 avril).

« Les charges semblaient lourdes aux Estats des villes de Douay, Lille, Orchies, etc., aussi députa-t-on vers son Altesse le chanoine Van der Haer de la collégiale de St Pierre en Lille avec des instructions spéciales. (29 avril 1592). »

La charge des chariots surtout était déclarée « insupportable ».

La concentration des troupes s'opère malaisément, Farnèse éprouve de grandes difficultés à rassembler ses corps d'armée. Des lettres du sieur de St Paul, datées du 1er avril, déclarent qu'il ne peut arriver au rendez-vous avant le 8, les lettres de Son Altesse ne lui étant parvenues que les derniers jours de mars, et le sieur de Haguin annonce seulement le 8 qu'il se met en route pour rejoindre Son Altesse.

Le premier réclame du temps, mais il affirme son dévouement complet :

« Ains-sy ne lerray-je, pour touttes ces incommodités, d'engager tout ce que j'ay au monde pour mectre une bonne troupe de mes amys ensemble et aller trouver Vostre Altesse, comme il luy plait de me le commander ; et sy je ne puis sy soudain que je le désirerois ce sera peu de jours après que je m'y rendrez. »

Saint Paul rejoignit en effet le prince de Parme à Envermeu (Seine-Inférieure), mais seulement le 18 avril.

Alexandre était donc dans une situation bien délicate : le temps le pressait et il avait à vaincre des difficultés inouies. De sa dernière campagne en Normandie il lui restait environ 10,000 hommes, il fallait absolument faire une levée de 15,000 au moins. Villars et les habitants de Rouen le pressaient, et tous les jours il recevait des envoyés porteurs de dépêches ou de lettres que nous allons reproduire en entier, car elles sont des plus intéressantes.

Lettre n° 1.

« MONSEIGNEUR,

« J'espère que Villemonte aura eu l'honneur de vous dire comme il a laissé ceste ville, et pour ce que je n'ay point de chiffre avec Votre Altesse je ne lui auze écrire particulièrement ce qui s'y est passé depuis, n'y l'estat des Ennemys. J'en fais une recharge, Monseigneur, et lui mande ce qui me semble nécesaire pour le salut de ce party. Vous suppliant très humblement d'y vouloir apporter l'affection et la diligence qui est si nécessaire à notre très grand besoin suivant l'asseurance que tant de fois il Vous a pleu me donner, tant par vos lettres que par les gentilshommes que Vostre Altesse a depeschez par dezà. Je prie Dieu de vous avoir en sa sainte garde. De Rouen, le XXVe jour de mars 1591.

« Vostre très humble et obéyssant serviteur. »

Lettre n° 2.

« Monseigneur,

« Le sieur de la Girardière s'en va par de là, pour Vous représenter, avec le sieur de Bailleul bien particullièrement comme toutes choses se passent en ce lieu. Je Vous supplie très humblement de les croire, comme deues de ceuls qui m'ont le plus fidèllement assisté dans le commandement de ce siège, et m'honnorer tant que de m'advertir au plus tôt de Vostre bonne volunté afin que je regarde de mon costé à prendré quelque résolution.

« Je prie Dieu, Monseigneur, de Vous donner une bonne et longue vie. — De Rouen, le VIII Apvril.

« Monseigneur, Monsieur de la Girardière m'a juré sa foy de me raporter dedans la quinzaine de ce moys ce à quoy je doibs attendre pour me résoudre du tout.

« Votre très humble et obéissant serviteur.

« Signé: Villars. »

Lettre n° 3.

(Le commencement de cette lettre est chiffrée).

« La plus grande part de ce qui luy reste de cavalerye si bien qu'il ne demeure devant Rouen que fort peu de gens de cheval, et encore qui sont logez fort loing; car les troupes de Touraine, du Mayne et d'Anjou passèrent la rivière de Seyne hyer, et le reste la doit passer aujourd'huy pour s'en aller. Il est vray que Mons. de Longuevylle s'en revient, mais, quoy que s'en soit, l'ennemy a un coup prest, ne peut avoir, ostre ses estrangers que huit cens chevaux, quand bien même Monsieur de Longuevylle l'aura joint, son espérance est en la famyne de Rouen, car de baterye il n'en fera pas que je ne Vous en donne advys six jours auparavant. Givry est fort mal, et n'a-t-on aucune bonne espérance de sa playe. J'ay donné ordre à toutes choses selon mes promesses en ce que vous en pouviez espérer et joint toutes mes actions à Votre contentement; mais je Vous supplie de Vous ressouvenir aussi que les gens que l'on a parmi les ennemys, ce mois passé, veulent estre résolus de leur paye par mois, selon le bon service que Vous en aurez, Vous en ferez un estat résolu, et Vous connaistrez combien cette despense Vous apportera de bons et de grans services, car sans poudre ny balles je veux Vous donner la prise des meilleures et des plus importantes places qui soient entre leurs mains. Vous avez encor douze jours pour Vous préparer à secourir vos amis, et, dans ces douze jours si Vostre armée se renforcist je puis bien Vous assurer que celle de Vos ennemys s'amoindrira de beaucoup. J'ay fait faire la carte de leurs logis et de leur quartier; j'ay pourveu pour Vous fournir de tout ce que Vous seauriez attendre d'un homme qui s'asseure bien que tout ainsi que son labeur doit estre de grand efficace. Vostre considération ne sera pas médiocre. Je vous ay escrit deux fois sans response aucune. Adieu.

« Orlando, du 7 avil 1592. »

Les habitants de Rouen écrivent eux-mêmes à Farnèse:

« MONSEIGNEUR,

« L'affection particulière qu'avons de tout temps voué à la conservation de nostre religion catholique et pour la juste deffence de laquelle nous avons depuys trois ans pris les armes, desdié nos biens et sacrifié nos vies, nous pensions à la vérité que la pœine qu'avoit prise Vostre Altesse de venir en France n'avoit esté à aultre intention que pour nous venir secourir, pour raison de quoy nous Vous avions dès lors particulièrement voué nostre bien humble et affectionné service de ceste bienveillance. Touttefois, n'en ayant encore senty aucun effect soit par l'artifice ou subtilité meschante de nos ennemys et de ceulx qui comme vrays hypocrites désirent rien de plus que la ruine totalle de ceste ville et des gents de bien et d'honneur qui sont dedans, ou bien que particulièrement

Vous n'avez esté adverty de l'extresme nécessité à laquelle sommes présents réduits de touttes choses; cela est cause que, comme ceulx qui ont eut honneur de commander en ceste ville, et qui, plus certainement que tous aultres Vous peuvent asseurer de l'estat auquel toutes choses sont réduites, et quy ont le plus d'interest, nous Vous supplions de croyre que, sy jamais pauvres assiegez ont mérité d'estre secourus, que c'est nous, pour les causes que nous mandons en particulier à Monseigneur le duc de Mayne. Paris, Monseigneur, a senti Vostre secours, et à propos, comme touttes choses estoient désesperez, faictes, s'il Vous playt, que nous estant en semblable estat, nous resentions le Vostre. Vostre retardement certes est de telle conséquence que sy dans huict jours au plus tard, Vous ne nous venez secourir et quittez toutte aultre entreprise, nostre ruine est imminente et la perte de la France proche. Le lèvement du siége de Paris, Monseigneur, a servi d'ornement à vostre réputation: Celuy de ceste ville sera, Dieu aydant, la couronne de vostre gloire. Ne perdez donc s'il vous plaist une si belle occasion, l'effect de laquelle sera suffisant pour Vous rendre à jamais immortel. Dieu vous le commande et Vostre religion; les gens de bien vous y appellent et la nécessité extresme qui nous presse Vous y convie. L'ennemy ne sera jamais moins fort qu'il est à présent, venez donc s'yl vous plaist, sans plus vous arrester, et ne desdaignez pas les prières et voix plainctives de ceulx qui ne respirent rien plus que la mort ou Vostre prompt secours, seroyent très aises de se veoir honorez de Vostre désirée présence pour Vous rendre par effest ce bien humble et affectionné service que Vous ont naturellement desdié.

« Vos très humbles et affectionnez serviteurs.

« Les Cappitaines de la ville de Rouen (1). »

Alexandre reçoit, en outre, un petit billet, ainsi conçu, écrit sur un bout de papier, long et large d'un doigt.

« Il ne reste au Roy de Navarre de Reytres que deux milz cincq cens ; de la cavallerye Franchoise que peu. Il est à Gisoirs avecq la plus grande part de ce qui luy reste. »

Maintenant, grâce au document qui indique le cantonnement des troupes d'Alexandre Farnèse, du 10 au 23 avril (2), nous allons entrer dans la partie intéressante de notre étude militaire. Nous discuterons chaque jour de marche, et nous verrons que les règles qu'Alexandre a suivies sont les mêmes que celles que nous suivons de nos jours.

« Son Altesse desirant secourir la ville de Rouan, pour quoy l'on le pressait fort, partit, nous dit ce document de l'abbaye de Ferre-Moutier (3), près de Rue, le 16 du mois d'avril 1592, et

(1) Archives du royaume de Belgique, papiers de l'audience, liasse 298.

(2) Ibid. Même liasse.

(3) Forest-Moutiers, canton de Nouvion en Ponthieu, arrondissement d'Abbeville, département de la Somme.

passa, avecq sa court et grande partie de l'armée la rivière de Somme à gué, à basse marée, à Blanchetaque (1) et auprès du Crotoy (2), estans le jour de devant passés la dicte rivière l'artillerye et la cavallerye et quelque infanterye, et alla loger à Franleu (3). »

La dernière phrase est précieuse pour un militaire. Farnèse exécute son passage « se faisant précéder de sa cavallerye appuyée par de l'infanterye et de l'artillerye », composition actuelle de l'avant-garde du corps d'armée.

Laissons un instant parler le général Lewal :

« On ne comprend pas une colonne, quelle qu'elle soit, sans cavalerie pour l'éclairer. Frédéric et Napoléon ne manquèrent jamais de leur en attribuer. Toutes les paniques, les surprises, les fausses directions, les erreurs, le défaut de renseignements, proviennent du manque de cavalerie ou de son mauvais emploi. On a, surtout, depuis cinquante ans, considéré la cavalerie

(1) Farnèse passe donc la Somme au même endroit que le duc de Lancastre envahissant la Normandie en 1369, et que les rois Edouard III et Henri V faisant retraite en 1346 et en 1415.

(2) Le Crotoy, canton de Rue, arrondissement d'Abbeville.

(3) Franleu, canton de St-Valery-sur-Somme, arrondissement d'Abbeville.

uniquement comme instrument de combat, et pas du tout comme moyen de sécurité et d'information. C'est l'inverse qu'il faut faire à présent.

« Les *celeres*, qui furent les premiers cavaliers à Rome, avaient pour mission d'aller vite, comme l'indique leur nom, et pas du tout de combattre. A l'origine, la cavalerie se composait d'*éclaireurs*. Sa première mission fut de renseigner ; c'est encore la principale aujourd'hui et celle qui a été si fort négligée en France. On peut, en certains cas, confier des missions temporaires à de la cavalerie seule, mais on doit poser comme un *axiome absolu* que jamais une troupe d'infanterie de la force d'un bataillon et au-dessus ne doit marcher sans avoir au moins deux pièces et un peloton de cavalerie. Quant aux détachements inférieurs à un bataillon, il est très avantageux de leur attribuer toujours quelques cavaliers.

« Dans l'ordre de marche, ce qu'il faut envisager d'abord c'est la sécurité, et on ne l'obtient que par la cavalerie ; on tiendra compte ensuite des exigences du combat toujours possible, et par conséquent la cavalerie devra être jointe sans cesse à l'infanterie. Ces deux considérations priment toutes les autres, et on ne s'occupera que fort subsidairement de la commodité de marche des armes, des corps ou des individualités. Au principe de la séparation des armes, malheureusement consacré par le service en campagne, il importe de substituer le principe de l'union constante des trois armes dans toute colonne, et s'arranger de manière qu'aucune n'ait à souffrir de cette intimité.

« Toute marche se présente à nous sous deux aspects. Il faut d'abord translater d'un lieu à l'autre la masse des troupes et les disposer de manière qu'elles puissent toujours combattre. On doit ensuite assurer la sécurité de leur marche, en les entourant d'un dispositif protecteur et d'avertissement. De là, deux portions fort distinctes dans une colonne, la masse et les accessoires. Toute colonne, qu'il s'agisse d'un corps d'armée ou d'une compagnie, est soumise à des nécessités analogues et doit y satisfaire, sous peine de péril grave. »

Quelle était donc cette « cavallerye » nombreuse dont se composait l'armée d'Henri IV et de Farnèse? C'était la cavalerie organisée par Henri II. Louis XII, pendant la campagne d'Italie, avait le premier senti l'utilité de cette arme. Témoin des services que la république de Venise tirait des Estradiotes ou Albanais, il en avait pris à sa solde, et c'est de ce type grossier qu'il paraît être parti (1) pour former un corps de chevau-légers. La France eut donc dès cette époque quelques compagnies de cavalerie légère (2). François Ier augmenta le nombre de ces troupes, mais ce fut sous Henri II que cette cavalerie commença à être assez nombreuse pour prendre rang parmi les corps de l'armée. Ce prince, en 1552, avait 3,000 chevau-légers, dont toutes les compagnies étaient commandées par les plus grands seigneurs. Les ordonnances de 1519 et 1553 sont les premières qui fassent mention de cette arme ; elles distinguent les vieilles et les nouvelles compagnies, règlent leur solde et fixent le nombre des soldats dont chacune doit être composée.

Ce fut aussi sous le règne de Henri II que la cavalerie française emprunta, des Espagnols et des Allemands, l'usage de charger par escadron

(1) BRANTOME.

(2) Montluc dit en parlant de Fontrailles qu'il était général de 1,200 chevau-légers.

de trois rangs ou d'un plus grand nombre de profondeur. Elle ne combattait auparavant que par rangs échelonnés à 40 pas de distance l'un de l'autre.

Mais revenons à la mise en marche du corps d'armée de Farnèse. L'avant-garde part donc de Blanche-Taque et marche droit sur Neufchâtel. Le récit de Monbéton prouve l'exactitude de ce fait, et les cantonnements des deux journées du 17 et du 18 viendront encore corroborer notre assertion.

En apprenant le passage de la Somme, Henri IV, nous dit Monbéton, fut fort estonné d'un si nouveau et prospère acheminement, ne sçachant à quoy s'en résoudre, et toutefois lui prévoyant que l'opiniastreté en ce lieu luy pourroit causer sa totale ruine, délibéra avec ung regret incroyable de quicter le logis de bourg de Renetal (1) auquel il laissa, pour donner commencement à la ravitaillement de Rouen, près de deux cents muidz de grain qu'il avait ordonné amasser pour servir de munitions aux soldats de son armée pendant son séjour en ce lieu, qu'il croioit debvoir

(1) Darnétal, bourg voisin de Rouen et presque un faubourg de cette ville.

estre plus long ; mais, ayant esté forcé de lever le siège le mardy XXI avril 1593 (1), il se retira vers le Pont-l'Arche, donnant moyen aux princes catholiques de s'y acheminer (2) pour pourveoir à la seureté de la place et rendre grâce à Dieu de la conservation d'icelle (3). »

Farnèse est prévenu le 18 de ces évènements à Envermeu, par sa cavalerie légère, qui figure seulement ce jour-là dans les cantonnements et cantonne à Douvrend, à 10 kilomètres d'Envermeu.

On peut dire que cette avant-garde de Farnèse avait une mission spéciale. Le but du général était de marcher sur Rouen par *Envermeu Longueville* et *Tôtes*. Son corps d'armée exécutait une marche de flanc. Il place donc son avant-garde sur le flanc jusqu'à ce que la position des ennemis ayant changé, il change aussi la position de sa sécurité. Suivons maintenant la marche générale des troupes.

(1) Ce fut le 20 avril 1592 que le siège fut levé et le 21 que les princes ligueurs entrèrent à Rouen. Valdory, op. cit., vol. 68.

La date 1593 est un lapsus calami.

(2) S'y se rapporte à Rouen et non au Pont-de-l'Arche que semblerait indiquer la tournure grammaticale.

(3) Monbéton, 73 verso, p. 202.

JOURNÉE DU 16 AVRIL 1592

Les cantonnements de la première journée sont des cantonnements espacés. Farnèse n'a rien à craindre; il est couvert sur son front par un cours d'eau, la Bresle, et sait que l'ennemi est près de Rouen. Les cantonnements sont les suivants :

« Le prince et son état major à *Franleu.*

» Les deux companyes de la garde à *Saint-Marc* (1).

« L'artillerie au *Quesnoy* (2).

« Les vivres à *Fricure* et *Frielle* (3) (4).

« Les régiments de Son Altesse et de Curts à *Mons* (5).

« Les Tercios de don Alonso Didiaques et de don Luys de Valasco à *Boubert* (6).

« Les Tercios de don Alonso de Guniga et les

(1) *Saint-Marc*, hameau de Vallnes, commune du canton d'Ault, arrondissement d'Abbeville, Somme.

(2) *Quesnoy-le-Montant*, canton de Moyenneville, même arrondissement.

(3) *Fryreules*, hameau de Miaunay, commune du même canton de Moyenneville.

(4) *Frière*, hameau de Acheux.

(5) *Mons-Boubert*, canton de Saint-Valery-sur-Somme, arrondissement d'Abbeville.

(6) *Boubert*, aujourd'hui hameau de Mons.

régiments de don Juan Manrique et du comte de Furstemberg à *Lambercourt* (1).

« Le régiment de M. de la Motte à *Compaigne* (2).

« Les régiments du comte du Boussu et de la Burlotte à *Achen* (3).

« Les Suisses à *Saint-Blimon*, *Gouy et Petit-Port* (4).

« Les Tercios de Camillo Capunchi et les régiments des sieurs de Balançon et Barbançon à *Saon* (5).

« Les hommes d'armes à *Arretz* (6).

« Les dix compagnies venues du Pays-Bas à *Oychaincourt* (7).

« Des reytres à *Hymneville* (8).

« Le duc du Maine, sa cornette et toute l'infanterie française à *Nyba* (9).

(1) *Lambercourt*, hameau de Miannay.

(2) *Campagne*, hameau de Quesnoy.

(3) *Acheux*, canton de Moyenneville.

(4) *Saint-Blimont*, canton de Saint-Valery-sur-Somme ; *Gouy*, hameau de Cahon ; *Petit-Port*.

(5) *Cahon*, canton de Moyenneville.

(6) *Arrest*, canton de Saint-Valery-sur-Somme.

(7) *Ochancourt*, canton d'Ault.

(8) *Hymneville*, hameau de Quesnoy.

(9) *Nibas*, canton d'Ault.

« Mgr d'Aumale et ses troupes à *Escarbotine* et *Bourseville* (1) (2).

« Les sieurs de Vitry et Conteron à *Bétincourt* (3).

« Les sieurs de Esturnel à *Fressenneville* (4).

« Les gardes de MM. de Bone et Tavanes et la cavallerye du pape et les companyes des capitaines et Bazille à *Saint-Blymen*.

« Les chevaulx de l'artillerie et vivres du duc de Maine à Catigny (5). »

Rien n'est plus exact que ce premier tableau de marche et tout est dans l'ordre le plus complet. Les vivres et chariots sont en arrière du cantonnement, tout ce qui lui reste de cavalerie, les reytres, sont à Hymmeville, tous près du quartier général, et nous voyons qu'il n'est pas question de sa cavalerie légère qui est partie de la veille et qui marche en avant-garde sur Neufchâtel.

La longueur de l'étape a été de 23 kilomètres.

(1) Hameau de *Friville-Escarbottin*, même canton.

(2) *Bourseville*, même canton.

(3) *Béthencourt-sur-Mer*, canton d'Ault.

(4) *Pressenneville*, même canton.

(5) *Catigny*, hameau d'Avrest.

JOURNÉE DU 17 AVRIL 1592

(CANTONNEMENTS)

Les cantonnements ont été également très dispersés pour cette journée ; l'étape a été forte, l'armée a parcouru 35 kilomètres.

« Son Altesse et sa court à *Saint-Remy* (1).

« Les deux companyes de ses gardes à *Saint-Pierre-en-Val* (2).

« L'artillerye à *Barquerye* et *Barocout* (3) (4).

« Les hommes d'armes à *Guverville* (5).

« Les troupes du commissaire général à *Melleville* (6).

« Les dix companyes du Pays-Bas à *Guerville* (7) (8).

(1) *Saint-Remy-en-Campagne*, aujourd'hui *Saint-Remy-Bosc-Rocourt*, canton d'Eu, arrondissement de Dieppe, Seine-Inférieure.

(2) *Saint-Pierre-en-Val*, même canton.

(3) *La Berquerie*, hameau de Monchy-sur-Eure, même canton.

(4) *Bosc-Rocourt*, aujourd'hui section de Saint-Remy-Bosc-Rocourt.

(5) *Cuverville*, canton d'Eu.

(6) *Milleville*, même canton.

(7) *Guerville*, canton de Blangy, arrondissement de Neufchâtel, Seine-Inférieure.

(8) *La Pierre*, hameau de Grandcourt, canton de Londinières, arrondissement de Neufchâtel.

« Les reytres à *la Pierre* et *Val-du-Roy* (1).

» Les deux corps d'infanterie de don Antonio et de don Aloson à *Menyreaum* (2).

« Les Suysses à *Beromeny* (3).

« Les Tercios de Camillo Capizus et les régiments des sieurs de Balançon et Barbançon à *Tost* (4).

« Les vivres à *Fresne* (5).

« Le duc de Mayne et sa cornette à *Monchy* (6).

« Les gardes de MM. de Tavanne et Bone et les capitaines Mandricart et Bazille à *Dragueville* (7).

« Les companys de MM. Desturmel, Vitry, Cotenan et Serville à *Saintes-Meules* (8). »

(1) *Le Val-du-Roy*, hameau de Villy-le-Bas, canton d'Eu.
(2) *Le Mesnil-Réaume*, canton d'Eu.
(3) *Baromesnil*, même canton.
(4) *Le Tôt*, hameau de Baromesnil.
(5) *Le Fresne*, hameau de Saint-Pierre-en-Val.
(6) *Monchy-sur-Eu*, même canton.
(7) *Dragueville*, hameau de Saint-Martin-le-Gaillard, canton d'Eu.
(8) *Sept-Meules*, même canton.

JOURNÉE DU 18 AVRIL 1595

(CANTONNEMENTS)

« Son Altesse et sa court à *Envermeu* (1).

« Là arriva le cardinal de Plaisance et Mgr de Saint-Paul avecq les troupes de Champaigne et le fait passer toute la nuict le ruysseau aux chariots et bagaiges (2).

« Toute l'infanterie à *Engreville* et *Engrevillette* (3) (4).

« Toute la cavallerye légère à *Douvran* (5).

« Les hommes d'armes et reytres à *Saint-Quentin* (6).

« L'artillerye à *Saint-Jean-Oberville* (7), et *Bretigny* (8).

(1) *Envermeu*, chef-lieu de canton de l'arrondissement de Dieppe, Seine-Inférieure.

(2) La petite rivière d'*Aulne*.

(3) *Bellengreville*, canton d'Envermeu. Le scribe a pris sans doute la syllabe *Bell* pour le qualificatif *belle*.

(4) *Bellengrevillette*, section de Bellengreville.

(5) *Douvrend*, canton d'Envermeu.

(6) *Saint-Quentin*, même canton.

(7) *Auberville*, ancienne paroisse réunie à Envermeu.

(8) *Brétigny*, hameau de Bailly-en-Rivière.

« Les vivres en une cense venant le ruysseau (1).

« Mgr du Mayne et Mgr de Guise à *Bailly-en-Rivière* (2).

« Mgr d'Aumale à *Intraville* (3).

« L'infanterye françoise à *Brétigny*.

« Les gardes de Mgr de Roye, Mandiévial et Basile à *Jouche-au-Pré* (4).

C'est donc le 18 avril qu'arrive le Seigneur de Saint-Paul avec les troupes de Champagne. Les étapes pour lui ont été dures et il a dû faire dans les 50 kilomètres par jour pour arriver à rejoindre Farnèse.

L'étape du 17 au 18 a été de 30 kilomètres.

A Envermeu, Farnèse arrête son plan de bataille, qui est de marcher sur Rouen à marches forcées et d'attendre au Nord l'armée d'Henri IV qui doit arriver par Port-Saint-Ouen, suivre la vallée d'Andelle et gagner Buchy.

(1) *Cense*. Le terme, dit le dictionnaire de Trévoux, est usité dans quelques provinces, en Flandres, dans le Hainaut, en Bourgogne, pour dire une petite ferme, une métairie. *Venant* (peut être mauvaise lecture, pour *tenant*) le ruisseau, c'est-à-dire traversée par la Varenne ; ou si l'on préfère *venant*, en aval de la rivière.

(2) *Bailly-en-Rivière*, canton d'Envermeu.

(3) *Intraville*, même canton.

(4) *Gouchaupré*, même canton.

Le cantonnement de la journée du 18 nous prouve que les règles de la sécurité ont été suivies de points en points : la cavalerie légère est en avant à Douvrend, face au Sud.

Farnèse est en marche depuis trois jours et a fait par jour une moyenne de 30 à 35 kilomètres. Ce sont des étapes rapides, il se hâte d'arriver à Rouen et, à partir d'Envermeu, il augmentera encore la longueur de ses étapes. Le chiffre de 30 kilomètres n'est pas exagéré, car Farnèse faisait marcher son armée sur plusieurs routes, et son infanterie était composée d'Espagnols.

Le général Lewal nous dit que la colonne de régiment fait facilement 35 kilomètres et la colonne de division 30 kilomètres, en 10 heures ou 11 h. 26, suivant la vitesse :

« L'infanterie peut faire par jour 28 à 30 kilo-
« mètres en 10 heures de marche. Il s'en faut de
« beaucoup qu'on puisse obtenir cette vitesse
« d'une armée en marche-manœuvre. La raison
« s'en conçoit facilement, le temps employé à
« ployer les troupes en colonne et à les déployer
« étant perdu pour celui de la marche. » (Fallot et Lagrange.)

« Ces doctrines ne sont ni précises ni bien

exactes. Une tête de colonne parcourt 28 kilomètres en 9 heures à la vitesse de 4,000 mètres, y compris six haltes horaires et une grand'halte. A la vitesse de 3,500 mètres, elle emploierait 9 h. 58, et pour cette distance les auteurs ont raison. S'il s'agit de 32 kilomètres, ils n'ont raison qu'à moitié, car dans ce cas il faut 10 heures ou 11 h. 26, suivant la vitesse.

« Ces écrivains considèrent à tort comme une impossibilité la réalisation de pareils trajets, en *marche-manœuvre*, expression sans aucun sens pour moi, et qui signifie, sans doute, à proximité de l'ennemi. Il est bien évident cependant que certaines éventualités de guerre obligent à des marches forcées près de l'ennemi, et qu'on doit être en mesure d'en exécuter.

« Enfin, il est inexact d'enseigner ce que l'infanterie peut faire par jour. » L'expression beaucoup trop vague est de nature à tromper le lecteur. S'il s'agit de la tête de colonne, l'assertion est à peu près vraie. S'il s'agit de la queue, elle est complètement fausse. La plupart des écrivains militaires paraissent n'avoir jamais en vue que la tête de colonne pour baser leurs appréciations ; cependant il se passe souvent pour une division, et presque toujours pour un corps d'armée, plus de temps entre l'arrivée de la tête et celle de la queue de la colonne, qu'entre le départ de la tête et son arrivée à destination.

« En lisant : « l'infanterie peut faire, » etc., on serait en droit de supposer qu'un corps d'armée pourrait franchir 32 kilomètres en 10 heures, ce qui constituerait une erreur des plus grossières. Les écrivains n'ont pas voulu la commettre, j'en suis persuadé, mais le vice de leur rédaction autorise cette interprétation fautive.

« Les honorables auteurs cités précédemment s'accordent pour fixer à une étendue bien minime la moyenne de marche. D'autres ont parlé dans le même sens, et ces opinions ont peut-être eu quelque influence fatale sur l'esprit de nos officiers, à en juger par le peu d'étendue des étapes dans nos deux dernières campagnes.

« Le général Dufour préconise, au contraire, les grands trajets. Selon lui, « les marches ordi-« naires sont de 6 à 8 lieues de 4,000 mètres ; « les dernières sont déjà fortes. » (*Cours de tactique*, page 78.)

« Cet écrivain exagère un peu ; les marches ordinaires de guerre n'atteignent pas de pareilles étendues. Il serait impossible aux troupes de les soutenir communément, et le calcul nous en a donné la raison.

« Entre ces opinions opposées, je préfère la dernière aux premières. Je crois, avec Folard, « *que les lents et les engourdis à la guerre auront* « *aussi peu de part à la gloire de ce monde que les* « *tièdes à la gloire du ciel.* »

« Il faut donc marcher et beaucoup marcher, tel est le principe, et on doit l'appliquer autant que les forces de l'homme le permettent, Or, ces forces se réparent chaque jour, si l'on donne aux troupes une alimentation et un repos suffisants. Dans le cas contraire, on les épuise très rapidement. L'équilibre entre la déperdition et la réparation des forces doit être maintenue avec soin, sauf les cas exceptionnels.

« La durée du repos habituellement nécessaire limite par conséquent l'étendue des marches. Le raisonnement et le calcul nous ont amené à fixer cette étendue à 22 kilomètres, comme progression générale opérée, mais en réalité à 25 kilomètres de marche effective. On ne peut pas ordinairement demander davantage, mais il est indispensable d'atteindre cette moyenne. Le succès des opérations en dépend absolument.

« Au temps de Turenne, la longueur des étapes étaient fort peu de choses, bien que les colonnes fussent assez légères. Alors on ne parcourait guère plus de 16 kilomètres par jour.

« Frédéric II, dans ses marches rapides, n'excéda pas 30 kilomètres. Ainsi pendant la campagne de 1758, il se rendit avec une partie de son armée, en six jours, de Custrin à Gros-Dobritz (176 kilomètres), soit 29 kil. 3 par jour. Il s'agissait alors de concentrer rapidement son armée.

« Dans d'autres circonstances, il exécuta des marches de 30 kilomètres durant plusieurs jours consécutifs. Il menait avec lui 40,000 soldats.

« Depuis cette époque, la moyenne des marches a plutôt diminué. Cette réduction ne saurait être attribuée à un amoindrissement des forces humaines. Elle s'explique suffisamment par l'accroissement énorme des effectifs accumulés sur une même route et le maintien de la solidarité étroite entre les éléments de groupe très considérables. »

Alexandre Farnèse marchait donc suivant tous les principes, et la longueur de ses étapes absolument normale.

JOURNÉE DU 19 AVRIL 1592

(CANTONNEMENTS)

« Son Altesse et sa court et les deux compagnies de ses gardes à *Grand-Torsy* (1).

« Les hommes d'armes et reytres et toute la cavallerye légère à *Musident* (2).

« L'artillerye et toute l'artillerye en campagne au hault de la montagne, à main gauche du village de *Sainte-Fey* (3).

« Le duc de Mayenne et l'infanterie française au *Petit-Torsy* (4).

« Le duc d'Aumale et ses troupes à *Saint-Germain* (5).

« Les sieurs de Vitry, Coutenau et gardes des sieurs de Ron et de Lavanes et les companys de Maudricart et Basile à *Sainte-Fey*. »

(1) *Torcy-le-Grand*, canton de Longueville, arrondissement de Dieppe, Seine-Inférieure.

(2) *Muchedent*, même canton.

(3) *Sainte-Foy*, même canton.

(4) *Torcy-le-Petit*, même canton.

(5) *Saint-Germain-d'Etables*, même canton.

Nous constatons que les cantonnements deviennent de plus en plus resserrés et que les étapes sont plus fortes ; de Grand Torsy à Cailly on compte 45 kilomètres.

JOURNÉE DU 20 AVRIL 1592

(CANTONNEMENTS ET BIVOUACS)

« Son Altesse et sa court logea à *Cailly* (1).

« Le surplus de l'armée se logea en campagne et aux *Ayes* (2). »

Pourquoi Farnèse donne-t-il le 20 au soir des ordres de mouvement rétrograde et se porte-t-il le 21 sur Caudebec ? D'où peut provenir un changement de tactique aussi subit, que rien n'a fait prévoir, car, à Cailly, Farnèse est maître de la situation ? Sa gauche est à Rouen, sa droite est à Neufchâtel, sa ligne de retraite est assurée. D'après les positions occupées le 20, on peut

(1) *Cailly*, canton de Clères, arrondissement de Rouen.

(2) Que veut dire ce mot *ayes* ? Il est sans doute ici pour *haies* et synonyme d'*enclos*.

croire que le 21 il va livrer une bataille décisive. Voici la raison de cette marche rétrograde :

« Nous avons vu que Farnèse était venu au secours de Rouen pour faire lever le siège de cette ville. Henri IV, n'ayant pas de forces assez considérables, lève le siège le 20 avril et se retire sur Port-Saint-Ouen pour attendre ses troupes de secours. Le 20, Farnèse et les princes catholiques font leur entrée triomphale à Rouen et tiennent un grand conseil de guerre. Farnèse était d'avis de marcher au devant d'Henri IV et de l'empêcher de recevoir ses renforts, mais les princes et parmi eux Mayenne, toujours en contradiction avec Farnèse, furent d'un autre avis. La marche sur Caudebec fut décidée dans le but de relier Rouen au Havre et se rendre maître de tout le cours de la Seine pour permettre le ravitaillement de Rouen par le fleuve, c'est ce qu'exprime fort bien Monbéton :

« Le conseil résolut de donner entier secours aux nouveaux délivrez (les défenseurs de Rouen) et principalement luy rendre les places et l'embouchure de la Seine libre, afin que les grains qui estoient au Havre de Grace peult abondamment y abborder, ils feirent acheminer l'armée droict devant Caudebec, au Havre duquel s'estoient retirez les vaisseaux ennemis qui bridoient le cours des vivres qui y vouloient monter. Ce que veu par les chefs catholiques, résolurent de l'assiéger. (Fol. 73 verso).

« Farnèse s'inclina devant les volontés du Conseil et donna ses ordres pour marcher le 21 sur Caudebec et s'empara de suite du cours de la Seine jusqu'à Caudebec et enlevant des ports importants tout le long du fleuve. »

JOURNÉE DU 21 AVRIL 1572

(CANTONNEMENTS)

« Son Altesse et sa court à *Neoville* (1).

» Les chevaulx et l'artillerye à *Marome* (2).

« Les vivres au *Mont-à-Malades*.

(1) Nous ne voyons pour répondre à ce nom que *Isneauville*, canton de Darnétal, arrondissement de Rouen.

(2) *Maromme*, chef-lieu de canton de l'arrondissement de Rouen.

« Les hommes d'armes à *Saint-Aignan* (1).

« Toute la cavaillerye à *Déville* (2).

« Les reytres à *Bapaumes* (3).

« Le duc de Mayne et l'infanterye françoise à *Bois-Guillaume* (4).

« Le duc d'Aumale et sieur de Saint-Paul à *Croiset* (5).

« Les gardes de MM. de Rone et Tavanes, et Capitaines Maudricart et Basille à *Tronquet* (6).

« Vitry, Coutenau et Ville-Sedan à *Canteleu* (7).

(1) *Le Mont-aux-Malades* est aujourd'hui réuni à *Saint-Aignan*, sous la dénomination commune de *Mont-Saint-Aignan*, canton de Maromme.

(2) *Déville*, ancienne résidence des Archevêques de Rouen, même canton.

(3) *Bapeaume*, section de Canteleu.

(4) *Le Bois-Guillaume*, canton de Darnétal.

(5) *Croisset*, hameau de Canteleu.

(6) *Le Tronquet*, hameau de Mont-Saint-Aignan.

(7) *Canteleu*, canton de Maromme.

JOURNÉE DU 22 AVRIL 1592

(CANTONNEMENTS)

« Son Altesse et sa court et les deux compa-nyes de la garde à *Ducler* (1).

« Les dix companyes des Pays-Bas à *Traitte* (2).

« L'artillerye à *Varaigueville* (3).

« Les vivres à *Villers* (4) et *Tailly* (5).

« Les hommes d'armes à *Candos* (6).

« Les hommes d'armes à *Sainte-Marguerite* (7).

« Le commissaire général à *Saint-Georges* (8) et *Quevillon* (9).

« Les reytres à *La Fonteyne* (10).

(1) *Duclair*, chef-lieu de canton de l'arrondissement de Rouen.

(2) *Le Trait*, canton de Duclair.

(3) *Varengeville*, aujourd'hui *Saint-Pierre-de-Varengeville*, canton de Duclair.

(4) *Villers-Ecalles*, jadis *Villers-le-Chambellan*, canton de Duclair

(5) *Le Taillis*, château dépendant de Duclair.

(6) *Candos*, hameau de Saint-Pierre-de-Varengeville.

(7) *Sainte-Marguerite-sur-Duclair*, même canton.

(8) *Saint-Georges*, abbaye, sur la paroisse de Saint-Martin-de Boscherville, canton de Duclair.

(9) *Quevillon*, même canton.

(10) *La Fontaine*, hameau de Hénouville, même canton.

« L'esquadron de don Antonio à *Saint-Pays* (1).

« L'esquadron de don Alonsio à *Saint-Thomas* (2).

« Les Suysses à *Saint-Jean-du-Cardonnay* (3).

« Mgr duc de Mayne à *Vierre* (4).

« Mgr d'Aumale à *Croiset* (5).

« Mgr de Vitry à *La Romayne* (6).

« Bone, Tavanes, Bazile à *Ocade* (7).

(1) *Saint-Paër* (que le peuple prononce Saint-Pais), même canton.

(2) *Saint-Thomas-le-Chaussé*, ancienne paroisse réunie à Roumare, canton de Maromme.

(3) *Saint-Jean-du-Cardonnay*, même canton. Ce fut là que les Prussiens, en 1871, établirent les quartiers de leur état-major général.

(4) Peut-être *Villers*, déjà nommé; ou par suite d'une mauvaise lecture : *Vieux*, *Les Vieux*, ancienne paroisse réunie à Saint-Paër.

(5) *Croisset*, hameau de Canteleu.

(6) Ne serait-ce pas *Le Vaumain*, hameau de la Vaupalière? Quelques cartes indiquent aussi dans le voisinage à la jonction de Maromme, Bondeville et la Vaupalière, un lieu dit *La Maine* (?)

(7) Probablement mauvaise lecture pour *Oraile*; L'*Ouraille*, hameau de la Vaupalière.

JOURNÉE DU 23 AVRIL 1592

(CANTONNEMENTS)

« Son Altesse et sa court à *Louvetot* (1) et *Bosimont* (2), et fut tiré au bras droit d'une mousquetade devant Caudebecq la recognoissant (3).

« L'artillerye à *Sainte-Vandrisle* (4).

« Les régiments de Boussu et la Bruchotte a *Caudebeque* (5).

« Don Antonio de Cuniga, don Juan Maurique, et comte de Furstemberg à *Villequier* (6).

« Don Alonzo Dydiapus, don Luys de Vilasco et les régiments de son Altesse et de Curtz à Saint-Arnoud (7).

« Les Suysses et son escadron à *Maulevrier* (8).

(1) *Louvetot*, canton de Caudebec-en-Caux.

(2) *Bois-Vimont*, canton d'Yvetot.

(3) *Caudebec-en-Caux*, chef-lieu de canton de l'arrondissement d'Yvetot, Seine-Inférieure.

(4) *Saint-Wandrille*, canton de Caudebec.

(5) *Caudebecquet*, hameau de Saint-Wandrille vers Caudebec.

(6) *Villequier*, canton de Caudebec, en aval de cette ville.

(7) *Saint-Arnoult*, même canton.

(8) *Maulévrier*, même canton.

« Les troupes du commissaire général à *Varicarville* (1).

« Les hommes d'armes et reytres à *Louville* (2).

« Mgr de Mayne et Mgr de Guysse, à *Ansebo* (3).

« D'Aumale à *Touffreville* (4).

« De Saint-Paul à *Lovetot* (5).

« Trouppes de Bourgogne à *Troville* (6).

« L'infanterye française à *La Foletière* (7).

« L'artillerye et vivres à *Virbo*.

Monbéton nous raconte ainsi cette dernière journée d'étape de Farnèse :

« La résolution du siége ne fut si tost prinse que le duc de Parme, voulant recognoistre le lieu et place aisé à l'assaillir, ne se sentit frappé d'un

(1) *Valliquerville* canton d'Yvetot.

(2) *Allouville*, canton d'Yvetot. Cette singulière contraction et plusieurs autres nous donnent à penser que ce document qui, d'ailleurs, à tous les aspects d'une minute, fut dicté à un scribe étranger au pays.

(3) *Auzebosc*, canton d'Yvetot.

(4) *Touffreville-la-Corbeline*, même canton.

(5) *Trouville-en-Caux*, dit aussi *Trouville-Alliquerville*, canton de Bolbec, arrondissement du Havre.

(6) *Carville-la-Folletière*, canton de Pavilly, arrondissement de Rouen.

(7) *Le Vert-Bosc*, section de Touffreville-la-Corbeline.

plomb qui luy donna dans le bras gauche, le jeudi 23e du dict moys d'avril, lequel perçant de part en part le feit retirer de la continuelle gresle d'arquebuzades qui sortoient de leurs vaisseaulx, touttefois n'ayant par sa blessure perdu aucune bonne volonté de caresser ses ennemis, commanda à son infanterye espagnole de se loger et gaîgner les faulxbourgs, dans lesquel, malgré leurs canonades, ilz se logèrent, où les ennemis feirent mine de voulloir donner, mais leur estant ceste ennuye escoullé ils ne continuèrent plus qu'à coups de pièces de leurs vaisseaulx à incommoder les assiégants. Ce que venu à la connoissance du duc de Mayenne, foit mener sur le hault de la montaigne cinq canons, lesquel il ordonna à respondre à ceulz des ennemis, qui, le 24 du dist moys d'avril enfoncèrent leur admiral, delaissant deux autres de leur vaisseaulx eschouez sur le sable; lesquels néantmoins au restour de la marée, ilz emmenèrent à Quillebeuf, après avoir fait leur effort de sauver ce qui restoit dedans, leur dict admiral, d'où fut tiré aussy tost la prinse de Caudebec huit moyennes tant de métail que de fer fondeu (1). »

(1) Mémoires de Monbéton. Fol. 73, verso.

Le sieur de Montpleinchamp nous dit :

« Pendant qu'Alexandre faisait de toutes parts une soigneuse revue, et que pour ne se fier qu'à ses soins il regardait en quel lieu il pourrait dresser ses batteries, on lui tira d'une guérite des murailles un coup de mousquet qui l'atteignit au milieu du bras droit, sous la jointure du coude. La bale aiant couru entre deux os, et aiant abouti à la jointure de la main, s'y enchassa d'elle-même, sans qu'on put l'en retirer. Dès qu'il se sentit frappé, il se contraignit le plus qu'il put, sans changer de visage et sans interrompre son discours. Il ne dit pas même qu'il était blessé. Cette fermeté d'Alexandre me remet à la mémoire celle du page d'Alexandre de Macédoine qui, pour ne pas troubler un sacrifice par le secouement de sa manche, se laissa brûler le bras où un charbon ardent s'étoit glissé. Ceux qui estoient près de notre héros s'en aperçurent parce qu'ils virent couler le sang sur son manteau. Néanmoins, il voulut achever les ordres dont il avait commencé de tracer le dessin.

« Cela faict, il fut conduit à son logement où les médecins, après avoir visité la plaie, ne la trouvèrent point mortelle, mais d'autant plus dangereuse qu'il lui fallut faire trois incisions au bras pour trouver la place de la bale, et pour tâcher de la tirer.

« Comme ces incisions lui donnèrent la fièvre, le commandement de l'armée fut confié au prince Ranuce, son fils, qui, néanmoins, ne faisoit rien sans l'ordre exprès de son père.

« Le lendemain, on dressa l'artillerye, par l'impétuosité de laquelle un grand pan de muraille étant abattu, la Garde (1), contre l'avis de Bracciaduro (2), commença à parlementer et se rendit avec des conditions honnestes. »

« Henri IV apprenant le mouvement de Farnèse sur Caudebec, n'hésite pas et se transporte, à marches forcées sur Yvetot ; il y arrive le 27 avril, et Farnèse se trouve acculé dans Caudebec. Sa retraite est coupée : mais ce grand général, envisageant froidement les circonstances, va lutter du 28 avril au 13 mai contre son ennemi. Le plateau d'Yvetot vit donc alors deux armées de 50,000 hommes se livrer des combats incessants pendant seize jours consécutifs.

(1) Le capitaine de La Garde, gouverneur de Caudebec pour le roi Henri IV.

(2) Pansanios Bracciaduros, colonel de la cavalerie italienne renfermé dans la place.

Avant d'aller plus loin, il est bon de dire un mot sur la tactique des guerres du XVIe siècle:

L'influence des nouvelles armes prit de l'extension dans le XVIe siècle. Les Espagnols furent les premiers qui s'engagèrent dans une nouvelle voie, en utilisant avec intelligence les armes à feu et en créant une discipline militaire proprement dite; les troupes hollandaises furent bientôt initiées, par *Maurice de Nassau,* aux secrets nouveaux de l'art de la guerre, et purent soutenir ainsi des combats glorieux contre les Espagnols, pour défendre leur indépendance politique; ces deux peuples furent pendant un siècle les maîtres de l'art militaire en Europe.

La tactique fit généralement peu de progrès à cette époque; cependant l'invention des *cartouches*, de la *mitraille*, du tir à *obus* des bouches à feu de campagne, constituèrent des perfectionnements sérieux introduits dans l'armement.

Cette période de l'histoire militaire est caractérisée par la circonstance que les armées y puisèrent leur puissance dans la création d'une *infanterie solide*, que cette arme détrôna la cavalerie et occupa désormais le premier rang qu'elle a conservé jusqu'à nos jours.

La formation de l'infanterie fut modifiée. Les compagnies comprenaient, auparavant, 400 à 500 hommes ; cet effectif descendit à 150 ou 200 hommes, chiffre qui s'est maintenu jusqu'aujourd'hui. Un régiment comptait ordinairement 10 de ces compagnies.

Les deux armes du fantassin, le mousquet et la pique, furent maintenues en usage; une compagnie se composait d'un certain nombre de *mousquetaires* et de *piquiers*. D'abord, les seconds formaient un effectif supérieur à celui des premiers ; mais ce rapport subit des modifications successives, jusqu'à ce que le nombre des armes à feu devint prédominant. Les compagnies étaient appelées de *mousquetaires* ou de *piquiers*, selon que les unes ou les autres de ces troupes contribuaient le plus à leur composition. Dans le principe, les hommes pourvus d'armes à feu étaient placés aux ailes de l'ordre de bataille; *Maurice de Nassau* les disposa dans les premiers rangs de l'ordonnance. Il adopta pour formation ordinaire de l'infanterie des masses de 8 à 10 hommes de profondeur; les piquiers étaient serrés les uns contre les autres; les mousquetaires, disposés sur 5 rangs au moins, étaient séparés en tout sens par des intervalles de 3 pieds ; pour entretenir le feu, quand un rang avait tiré, il s'écoulait par les ailes pour démasquer le suivant et pour recharger dans une position en arrière.

Maurice de Nassau attribua une bien grande importance aux *exercices*. Depuis que les armées étaient soldées, tout individu désireux de s'enrôler devait se présenter armé, équipé et instruit dans l'usage de son arme; nul ne pouvait être accepté par le capitaine s'il ne remplissait complètement ces conditions. Pendant la guerre entre l'Espagne et les Pays-Bas, la pénurie en sujets dressés militairement obligea *Maurice de Nassau* à incorporer des recrues ; il résulta de là l'obligation de confier l'instruction des hommes aux chefs et, par conséquent, d'adopter des *règlements d'exercice*. *Maurice de Nassau* fut le premier qui en élabora un et qui introduisit le *pas cadencé* dans les manœuvres.

La guerre des Pays-Bas exerça une influence toute particulière sur *l'armement de la cavalerie*. Les Néerlandais n'étaient pas en situation de lever un nombre suffisant de cavaliers armés de toutes pièces, tels que ceux qui furent employés presque exclusivement à cette époque, ils enrôlèrent un grand nombre de *reîtres allemands,* dont l'armement se composait d'épées et de pistolets.

De cette époque date aussi l'institution des *dragons*, espèce d'infanterie montée pourvue de mousquets à mèche, d'épées et même de piques, mais qui ne faisait usage d'aucune arme défensive.

Maurice de Nassau abolit complétement la lance dans la cavalerie néerlandaise ; au combat de *Turnhout* (1596), tous ses cavaliers étaient bardés de fer : ils portaient casque, haubert, hausse-col, plastron, cuirasse, brassards et gantelets ; leur armement se composait de longs pistolets et d'épées de cavalerie.

Ces troupes eurent bientôt raison des lanciers espagnols en abattant leurs chevaux avant de les assaillir. Les Allemands et les Français suivirent bientôt l'exemple des Néerlandais ; les Espagnols maintinrent encore longtemps la lance, puis la supprimèrent ; elle reparut 200 ans plus tard, comme arme préférée de la cavalerie légère.

De grandes modifications furent introduites dans les formations, l'instruction et l'armement de la cavalerie. Le duc d'Albe organisa la cavalerie légère espagnole en escadrons fermés, il confia les attaques d'ensemble aux troupes employées jusque-là au service des éclaireurs et au combat dispersé. Maurice de Nassau perfectionna la cavalerie d'une manière toute particulière, il lui fit exécuter en ligne des évolutions et des conversions et la tint réunie aussi bien dans le choc qu'au début de la charge. Toutefois les dispositions de cette arme furent maintenues sans nécessité sur une profondeur ordinaire de cinq rangs.

Maurice de Nassau est considéré comme le premier général ayant cherché à éviter sur le champ de bataille l'emploi de lourdes masses carrées et à les remplacer par de petits bataillons plus maniables. Pour parvenir à ce but, il divisa son armée dans le sens de la profondeur et prescrivit un ordre de bataille normal qui devait se décomposer en avant-garde, corps principal, et arrière-garde ; chacune de ces parties était subdivisée également en trois échelons. Les Impériaux et les Espagnols adoptèrent cette innovation ; mais ils ne rompirent pas définitivement avec les anciennes formations ; ils conservèrent encore longtemps leurs lourdes masses de bataille, composées de piquiers et entourées de plusieurs rangs de mousquetaires, plus nombreux sur les angles que sur les pans ; l'infanterie conserva cette disposition pendant la guerre de trente ans.

Sous le rapport du mouvement en grand, la stratégie et la tactique ne firent pas de progrès sensibles pendant cette période de longs et sanglants combats. Les expéditions militaires avaient ordinairement pour but d'assiéger ou d'enlever une place forte, ou bien de surprendre les quartiers de l'armée ennemie. En règle générale, les troupes belligérantes n'étaient pas nombreuses; dans la plupart des cas, elles s'éparpillaient en petits détachements incapables d'entreprendre aucune opération importante. L'élément tactique ne possédait pas l'indépendance voulue, parce que les forces n'étaient pas employées en plaine aussi souvent que dans l'attaque et la défense des localités.

III.

COMBATS AUTOUR DE CAUDEBEC — RETRAITE D'ALEXANDRE FARNÈSE.

Après la prise de Caudebec, Alexandre Farnèse perd un temps précieux, et Henri IV, qui pensait comme Napoléon Ier, que l'on gagne les batailles avec ses jambes, se porte rapidement sur Caudebec. Mayenne était lourd d'esprit et de corps, incapable de remplacer le prince de Parme. « Hélas ! disait Farnèse, tourmenté par la fièvre et par d'intolérables douleurs, il faudrait des hommes vivants pour combattre le roi de Navarre, et non des cadavres privés de sang comme moi. »

C'était le 23 avril, après avoir forcé son adversaire à lever le siège de Rouen, que le prince avait investi Caudebec, dont il s'était emparé le 26. Henri IV qui, dès le 20 avril, avait été obligé de se replier sur Pont-de-l'Arche, réunit promptement ses renforts, repasse la Seine à Port-Saint-Ouen, concentre ses troupes à Gouy et en trois jours arrive à Yvetot ; les dates d'étapes et de marches sont reconstituées par la lettre que nous avons mise en appendice, lettre datée d'Yvetot le 28 avril, adressée à M. de Beauvoir, ambassadeur d'Angleterre : « Je vous ai écrit de Fontaine-le-Bourg, premier logis que je fais pour venir trouver les ennemis. » Fontaine-le-Bourg était donc sa première étape ; il arriva devant Yvetot le 28 avril.

Alexandre Farnèse a donc perdu là un temps précieux ; du 26 au 28 avril, il avait parfaitement le temps de gagner Neufchâtel et de s'y installer, face à Rouen, sa ligne de retraite assurée sur Amiens ou sur Saint-Esprit-de-Rue.

Farnèse a eu l'idée de marcher sur Neufchâtel pour attendre Henri IV et lui livrer bataille, mais Mayenne, Villars et les habitants de Rouen le pressèrent tellement de compléter leur délivrance qu'il se décida à attendre l'armée du roi de Navarre en avant de Caudebec.

Le général espagnol choisit donc un emplacement. Devant lui, au nord, il a la ville d'Yvetot, mal fortifiée ; il va s'en servir comme d'un obstacle et s'établira à Louvetot. Il asseoit son camp sur un plateau nommé le Vieux-Louvetot. On en voit encore l'enceinte qui a gardé dans le pays le nom de Camp des Espagnols (1). Découvert du côté de l'ouest, deux grandes fermes carrées le flanquent, à droite et à gauche, comme deux défenses naturelles ; en avant, les vallons boisés qui descendent à Rençon le séparent de l'ennemi. Le duc de Mayenne, chargé du commandement général, prend son logis, dans une forte position, au château

(1) Campagnes de Henri IV au pays de Caux, par M. l'abbé Sommenil.

d'Auzebosc, et commande particulièrement la gauche.

Le vallon qui sépare le vieux château d'Auzebosc du plateau de Touffreville prend son origine à quelque distance du Vieux-Louvetot. Afin de fermer la route des fonds d'Auzebosc, la droite de l'armée, commandée par le duc de Guise, envoie ses avant-postes jusqu'à Saint-Clair-sur-les-Monts. Telle est la position que nous croyons pouvoir assigner à l'armée du duc de Parme, le 28 avril 1592.

M. l'abbé Somménil qui met le centre à Auzebosc, la droite à Louvetot et la gauche à Sainte-Clair, s'appuie pour justifier cet ordre de bataille sur une probabilité qui est la marche d'Henri IV par le château de Beauvoir, le Vert-Bosc et Fréville, mais nous sommes convaincu que le gros des forces d'Henri IV passa par Motteville, et ce furent des troupes de cavalerie légère qui vinrent explorer la position des ennemis et essayer de prendre Yvetot. Laissons, sur ce premier combat du 28, la parole à Monbéton :

« Le 28 du dict mois, le roi de Navarre s'approcha en la plaine d'Yvetot avec 1,500 chevaux françois, 2,000 reistres et son infanterie, ce que venu à la connaissance du Seigneur de Saint-Paul se rendit à cheval avec son régiment de cavallerie, donnant commencement à une gaillarde escarmourche que les ducs de Mayenne et de Guyse vindrent veoir, lesquels taschèrent par tous moyens de recognoistre les forces de leur ennemy, commandant par cest effect au sieur de Coutenant de se tenir avec quelque cavallerie légère sur ung petit hault de moulin pendant qu'ils recognoistrait si le reste de l'armée s'avançoit. »

On prévint de ce fait Farnèse, et l'opinion de Saint-Paul et de Mayenne fut de défendre Yvetot, mais Alexandre ne voulut bouger de Louvetot; il savait bien que rien n'est plus dangereux que de défendre une ville ouverte en rase campagne. Saint-Paul manqua y être pris, et c'est grâce à un stratagème qu'il put s'en tirer. Monbéton nous raconte cet épisode de la façon suivante :

« Pendant que ledict seigneur de Saint-Paul voyant que les ennemys d'un pas asseuré venoient à luy et qu'il n'avoit force bastante pour les empêcher de l'emporter résolut par une ruze gaillarde de les divertir de ce dessing. Pourquoi faire ayant deux régiments de gens de pied délibéra de les mectre en lieu pour les favoriser et néanmoins voullut faire croire aux ennemis que l'avant-garde de l'armée estoit là en bataille recognoissant le lieu estre couvert et enrichy de belles allées formées de hayes et d'arbres. Il y envoya trois tambours avec cinq ou six harquebuziers dans l'allée du château d'Yvetot qui par interval faisaient sortir quelques fumée d'harquebuzades, puis il en feit autant à sa gauche ou il commandoit de battre à la toscane. Comme aussi au reste de ses tambours il ordonna faire grand bruit touchant la marche espagnosle et walonne et qu'ouy par les ennemis eurent créance que le logis d'Yvetot ne se gaigneroit sans grand meurtre. »

Yvetot avait pour Henri IV les mêmes inconvénients que pour Farnèse ; le défilé Fréville-Sainte-Claire était trop dangereux et le roi de Navarre était trop homme de guerre pour exécuter une marche de flanc aussi près de l'ennemi.

Henri IV craint aussi d'attaquer Yvetot et se contente de faire une reconnaissance offensive sur le flanc droit de l'ennemi, l'engagement est vigoureux, le cheval du sieur de Coutenant est tué et ce dernier fait prisonnier. Cette diversion permet à Henri IV de tourner Yvetot et de s'établir à Valliquerville, à l'ouest d'Yvetot, sa gauche appuyée sur cette ville, sa droite à Bolbec, assuré d'avoir des vivres et des renforts par Dieppe, Saint-Valery et Fécamp.

La position d'Henri IV est admirablement prise et choisie, ce qui prouve que les reconnaissances effectuées par sa cavalerie légère ont été faites avec soin. Le 30 avril il connaissait la position des ennemis à Louvetot et se serait bien gardé de s'établir à Yvetot dans une position aussi critique ; c'est à l'ouest de cette ville qu'il s'établit, sur le flanc de son adversaire et en rase campagne.

Farnèse change alors sa ligne de bataille et sa droite devient Auzebosc, sa gauche Bosc-Himont ou Bois-Himont, le centre reste à Louvetot.

Tous ces combats du 30 avril au 13 mai sont merveilleusement racontés par M. l'abbé Somménil, aussi nous contenterons-nous de renvoyer le lecteur à son excellente brochure, nous contentant d'y joindre quelques réflexions techniques que nous suggèrent les documents dont, plus heureux que lui, nous pouvons disposer.

M. Somménil nous montre, le 30 avril, l'armée royale attaquant vigoureusement un logis des ennemis, très probablement Auzebosc, et ne quittant le champ de bataille que vers le soir, suivi de près par l'ennemi qui, dans la nuit, vint assaillir à son tour le camp de Villiquerville. Ce fut, non le 30 avril, mais seulement le 1er mai qu'eut lieu cette attaque nocturne, comme le prouve la copie, ou plus probablement encore la minute même de l'ordre de bataille, prescrit par le duc de Parme, que nous allons reproduire textuellement :

« Son Altesse ordonne que des trois esquadrons, excepté les Suysses, se prendront la moitié de touttes nacions, et que d'iceulz se fassent quattre escadrons : deux volans, chacun de cinq cens harquebuziers, deux cens mousquieters et deux cens piques, conduitz icellui de la main gauche par   et celui de la main droite par   ; et les aultres deux esquadrons du surplus des gens, moityé par moytié, et sera chef de celluy de la main droite   et de celluy de la main gauche   . Ausquels sera fait inspection des lieux, et endroits qu'il debvra aller ou tenir. Et debvra estre icelle Infanterye ensemble d'environ cinq mille hommes ; et de l'Infanterie françoise se prendra la moitié, laquelle cheminera entre les deux esquadrons volans. Et afin que tous se puissent entrecognoistre, je commande que ils portent chemises blanches.

« Fait à Lovetot, le premier jour de may 1592. »

Cette attaque ayant échoué comme celle de

Henri IV sur Auzebosc, Farnèse, dès le 3 mai, rapproche sa ligne de bataille de Louvetot, résolu désormais à éviter tout combat pour consacrer ses soins à préparer sa retraite. En effet, la retraite s'impose malgré les difficultés qu'offre le passage du fleuve, car l'armée de la ligue se trouve dès le 3 mai, dans une position critique; les combats, la désertion et la maladie l'ont réduite de près de moitié ; à peine reste-t-il à Farnèse de 15 à 17,000 hommes. Les vivres manquaient dans le camp, la livre de pain s'y vendait x et xx sols; la pinte de vin xxx sols ; l'eau fraîche, même, y était mise à prix. Le trouble paraissait sur le visage du soldat, qui n'avait plus même de paille pour reposer ses membres épuisés par la faim et par des fatigues sans relâches ; la maladie, sous l'influence de la famine et de pluies continuelles, se mit dans l'armée, et la désertion, plus encore que les combats précédents, vint décimer les compagnies de gens d'armes.

Cette campagne, au contraire, était fort agréable pour l'armée du roi ; le camp de Valiquerville était fort gai : « on chantait, luisait, dansait, les uns s'emparaient des tables à jouer aux detz, les autres se groupaient autour de coureurs, d'autres enfin hussardaient, escarmouchaient, fourrageaient. » Partout la rondeur joviale et l'infatigable activité du roi de Navarre répandaient la joie et l'espérance d'un triomphe prochain, tandis que Farnèse cerné, et d'ailleurs dépourvu d'argent, était impuissant à soulager les souffrances de ses troupes.

Sa cavalerie, manquant de fourrages, perdait chaque jour un nombre considérable de chevaux ; afin de la soustraire à une ruine complète, il lui choisit un campement à Maulévrier, dans un endroit fort écarté et qu'il devait croire parfaitement sûr. Ce nouveau poste, en assurant les fourrages, étendait la ligne de bataille des ligueurs depuis le camp retranché jusqu'aux limites de Maulévrier et de Saint-Aubin-de-Crétot, couvrait Caudebec et enlevait au roi de Navarre toute possibilité de couper la retraite. Aussi le duc de Parme n'avait-il plus qu'une crainte, c'était de voir Henri IV l'attaquer, le rejeter sur la Seine, avant qu'il pu s'assurer les moyens de passer le fleuve, ce qui eût causé la perte totale de son armée.

Peu s'en fallut, du reste, que ces craintes ne fussent réalisées, car le 10 mai la position de Maulévrier fut surprise et attaquée par Biron, qui heureusement pour les princes, négligea de poursuivre jusqu'au bout son succès, cette surprise de cavalerie aurait été funeste au duc de Parme si le seigneur de Saint-Paul n'était venu sauver la situation en menaçant les derrières de l'ennemi avec une poignée de troupes françaises qui attaquèrent avec tant de force et de vigueur que les Royaux se virent un moment coupés de leur ligne de retraite. Si le duc de Parme n'avait été malade, si Mayenne avait voulu suivre le sieur de Saint-Paul, cette attaque vigoureuse aurait été fatale aux troupes d'Henri IV.

La cavalerie a donc été surprise ; de tout temps ce fait est arrivé : une brigade entière, en 1870, n'a-t-elle pas été surprise au moment où elle allait à l'abreuvoir ? Les principes de sécurité étaient négligés en 1592 comme en 1870, et cependant Georges de Basta, chef de cette cavalerie, a laissé un ouvrage, écrit en italien, intitulé : *Le gouvernement de la cavalerie légère*. Il y pose en principe que la cavalerie doit se fortifier dans ses cantonnements, non par des tranchées, mais par des bagages et les chariots renversés, et notre *Service en campagne* du 10 juillet 1884, art. 122, p. 121 :

« Les escadrons se barricadent dans leur cantonnement ou dans leur bivouac, et profitent de tous les avantages que présentent les lieux pour diminuer le nombre de cavaliers employés au service de sûreté afin de ménager, autant que possible, les forces de la troupe. »

Mais revenons à notre sujet.

Alexandre Farnèse se trouve donc acculé à la Seine, dont il s'est rapproché depuis le 5 mai ; malgré son découragement, ne voulant capituler, il forme, à partir du 5 mai, un projet étonnant. Il va effectuer une retraite avec ses 20,000 hommes, sans que Henri IV s'en doute, sans perdre un homme, sans perdre un canon. Va-t-il se retirer sur Rouen par la rive droite et gagner un jour ou deux d'avance sur son ennemi ? Non, il forme le dessein de traverser la Seine et de se retirer par la rive gauche, sur Paris et Château-Thierry.

Cette retraite est la plus belle qu'il soit possible de voir et d'étudier ; jamais homme de guerre ne joignit à tant de prudence une force de volonté pareille.

La Seine, à Caudebec, avait alors environ deux kilomètres de largeur, presque un bras de mer.

Farnèse, dès le 5 mai, réquisitionne des bateaux à Rouen, les fait lier fortement au moyen de cordages et couvrir de poutres et de planches pour improviser ainsi de grands bacs.

Nous disons *de grands bacs* et non un pont de bateaux, quoiqu'en disent plusieurs auteurs, généralement dignes de foi. C'est que sur une largeur telle que celle de la Seine à cette époque, et avec la force de marées dont nous allons tout à l'heure constater la violence, la construction d'un tel pont aurait été bien difficile, sinon tout-à-fait impossible. Nous nous conformons, d'ailleurs, au récit d'Antoine Monbéton, témoin occulaire et acteur, qui décrit ainsi le passage :

« Le descampement d'armée paravant advenu pour se loger pres la rivière de Seine n'ayant esté a autres fins que pour favoriser la descente des basteaux de Rouen, que l'on amenoit pour tascher de dresser un pont sur la dicte rivière, affin de pouvoir seurement faire passer l'armée pour la mettre en ung païs plus gras et plus fertile que la stérilité du désert de Caudebec, où elle estoit, feit tascher à ce faire. Mais ayant esté ce desseing rendu vain à cause du reflux de la mer et du trop grand nombre de batteaux qu'il eut failly *(sic)*, feit aviser les plus ingénieux d'attacher six grands batteaux ensemble, sur lesquelz, avec force doubleaux et planche, l'on dressa ung plancher où les chevaulx pouvoient tenir comme dedans des *bacs* et passer de même et d'aultant qu'il failloit (1) beaucoup de cordes pour tirer et passer ces bacs, le mast de l'admiral d'Angleterre enfoncé (2) au milieu de l'eau, servit et y vint fort à point et pour attacher les cordaiges d'un et d'austre costé avec matières propres à se faire. Et d'aultant que ce fardeau estoit fort lourd et pesant et qu'il ne pouroit passer plus de deux à 300 chevaulx à la fois, et deux fois le jour seulement, on avisa pour éviter une confusion, de donner à chacun son jour et ordre de passer; comme on fait aussy tost qu'il fut en estat, faisant le septiesme du dict moys, faire l'espreuve au régiment de cavallerie du duc d'Aumalle, puis le lendemain les chevaulx legers françois furent ordonnez passer; le neuviesme les barons de Bourgogne; le dixiesme après la retraite des ennemys le régiment de cavallerie du Seigneur de St Paul passa; le unzième les Reitres. Et d'aultant que ces passages sembloient longs aux generaulx catholicques et que leur armée eust pu estre deffaicte par l'ennemy estant à moitié passé,

(1) Pour manquait, de faillir.
(2) Lapsus, pour de Hollande.

ils trouvèrent bon de faire bastir deux forts, l'un au dela de Seine, que la Bourlotte feit faire pour le garder avec son régiment et les fantassins françois, et l'autre sur le hault de la Justice (1) lequel estant près de Caudebec, l'on nomma le fort de la Justice. Il estoit assis sur une colline, ayant une plaine de cinq cens pas et par delà un petit bois qui couvroit tous les rochers des bords de la montaigne, dans lequel on mit près de 10,000 hommes de pied. Voilà les moyens que tindrent les catholicques pour passer ceste demy mer. Lesquels se trouvèrent au unzième mai la plus part passées et ne restoit plus que ce qui estoit dans le fort de la Justice.

Ce fut donc à partir du 7 mai que Farnèse commença à faire passer ses troupes de l'autre côté de la Seine, et ce passage se termina dans la matinée du 11 mai. Le 12 mai, la cavalerie légère, les Suisses et les troupes de Villars effectuent leur retraite par la rive droite et gagnent Rouen.

Quant au reste de l'armée, sa retraite s'est effectuée en six jours, du 7 au 13 mai, par échelons et

(1) On appelait côte de la Justice celle qui monte vers Saint-Arnoult et qui couronne le plateau où se faisaient alors les exécutions capitales; elle a gardé le nom de côte du Gibet, dont on voit encore les restes.

au moyen de bacs ; et non dans la seule journée du 14 au moyen d'un pont de bateaux, comme l'a répété M. l'abbé Somménil.

Un corps d'armée de 15,000 hommes aurait mis sept heures à passer sur un tel pont et, en supposant que le mouvement eût commencé à six heures du matin, il eût pu être achevé à deux heures du soir, en supprimant toute interruption dans le passage. Mais cette supposition est inadmissible pour un fleuve comme la Seine, où la marée s'introduit violemment, rompant toute espèce d'obstacles ; et nous verrons tout à l'heure qu'elle en était la violence à cette période de l'année.

Il aurait donc fallu, non-seulement interrompre le passage pendant au moins deux ou trois heures, mais rompre le pont et le rétablir dans l'intervalle des marées, ce qui eût demandé plus de temps que le passage même.

Aussi employa-t-on une sorte de système mixte, des bateaux réunis par six et couverts d'un large plancher qui offrait à la cavallerie une surface considérable, tant en laissant à l'appareil une mobilité assez grande pour qu'il put être conduit dans un abri suffisant lors de l'arrivée du flot.

Pour accélérer la marche de ces pesantes machines, un va-et-vient fut établi comme dans les bacs ordinaires, mais la Seine étant trop large, on eût l'idée d'utiliser ce qui eût pu, dans d'autres circonstances, constituer un obstacle à la navigation.

On sait qu'un vaisseau hollandais avait échoué en pleine Seine lorsque Farnèse assiégeant Caudebec avait canonné la flotte hollandaise. Ce vaisseau sert à attacher la corde directrice entre Caudebec et Bliquetuit. Evidemment ce fut la position occupée par ce navire qui dut déterminer le lieu d'embarquement.

S'opéra-t-il sous la côte de la Justice, comme semblerait l'indiquer le texte de Monbéton ? ou au contraire en amont de Caudebec vers le hameau de Rétival, comme le veut M. Somménil ? Nous l'ignorons absolument. De ce qu'un fort fut placé dans la côte de la Justice, pour empêcher Henri IV d'amener son artillerie sur la hauteur qui domine à la fois la ville de Caudebec et la Seine, il ne s'ensuit nullement que le passage se soit opéré là.

Comme Henri IV aurait eu beau jeu et quel danger Farnèse aurait couru ! Et comme il est plus vraisemblable, plus rationnel d'admettre qu'à partir du 7 mai l'armée espagnole est passée sur la rive gauche par fractions. C'est d'ailleurs ce qui eut lieu comme le prouve le tableau de marche retrouvé et recopié par M. l'abbé Sauvage aux archives Royales de Bruxelles. Farnèse se trouve le 13 au soir cantonné à la Bouille et à Saint-Nicolas-de-Bliquetuit.

CANTONNEMENTS DU 13

Son Altesse et sa Court à *Blinqui* (1).

L'infanterie } à la *Bouille*.
Les Suysses }

La Cavallerye alla passer à *Rouen*.

Le même jour, 13 mai, au matin, il ne restait sur la rive droite que l'arrière-garde qui, cantonnée dans le fort de la Justice, avait, durant tout le passage, défendu les abords de la ville de Caudebec et des collines qui dominent le fleuve.

A ce moment, l'arrière-garde, qui pouvait se composer de cinq ou six cents hommes et de quelques pièces de canon, quitta les hauteurs à son tour, gagna les bois et se mit en devoir de gagner la rive droite.

(1) Bliquetuit.

Les derniers défenseurs de la ville étaient embarqués lorsque, constatant le silence qui règnait sur le plateau, Henri IV surpris, envoya le baron de Biron à la découverte. Biron avance d'abord avec quelque défiance, gagne sans obstacle l'extrémité des collines ; son regard étonné rencontre sur la rive gauche le duc de Parme avec son infanterie, ses bagages, ses canons, le dernier bac vient de quitter la rive et s'avance lentement sur le fleuve.

Un terrible danger, vient tout à coup l'exposer au naufrage et à une perte presque certaine. Le Mascaret (1), terrible violent, arriva ramenant avec une vitesse vertigineuse la flotte hollandaise qui était à l'ancre en aval de Villequier.

« La barre arrive rapidement et s'avance avec la vitesse d'un cheval au galop. Un changement rapide dans la direction des courants est le seul indice de cette invasion de la mer ; la masse d'eau qu'elle fournit peut, en effet, se développer à l'aise et pacifiquement dans le golfe large et

(1) On n'appelait pas à cette époque ce phénomène le *Mascaret*, on l'appelait la *Barre*. Monbéton nous dit : « avec la barre s'avançait l'armée de mer angloise des ennemis, elle commença par ses canonnades à vomir si furieusement contre les passans qu'ils sembloient devoir faire ouvrir la terre pour les abismer. »

profond qui constitue l'embouchure. Mais à mesure qu'elle avance, les flots de la marée montante, continuant à s'élever, pèsent de plus en plus sur elle et la poussent en avant, elle s'engage donc dans le canal étroit, et les courants jusqu'alors disséminés dans la baie convergent vers ce même point.

« Le fleuve résiste un instant : lui aussi réunit ses forces, concentre, accumule ses ondes ; mais il ne suffit pas longtemps à tenir en échec son redoutable envahisseur. Bientôt il est vaincu et les flots de l'Océan font plier sous leur poids et refluer ses ondes, se précipitant après elle dans cet étroit passage qui diminue toujours de largeur et de profondeur.

« Il se produit alors quelque chose de semblable à l'écoulement d'un liquide par la base d'un entonnoir, dont l'embouchure de la Seine rappelle assez bien la forme, le flot courant d'autant plus vite que l'orifice est plus étroit » (1).

Le malheureux radeau qui, avec les trois derniers canons de l'armée du Prince de Parme, emmenait son fils Rainuce et l'arrière-garde des

(1) L'abbé Sauvage : De la Barre ou Mascaret dans la Seine-Maritime.

défenseurs du fort de la Justice, fut donc emporté par les flots, remontant contre le courant, sous l'impulsion de la marée. Les galères de la flotte des ennemis le poursuivirent, le canonnèrent, et ce fut le Prince de Parme qui, voyant le danger que couraient nos soldats, sauva le radeau, en réunissant sur l'autre bord de la rivière des forces suffisantes pour forcer les galères à regagner le large.

Voilà donc Farnèse sauvé avec toute la partie valide de ses troupes après avoir accompli un trait d'audace et de génie.

Henri IV, se remettant de l'étonnement général, propose d'aller à marches forcées, par le Pont-de-l'Arche couper la retraite au duc de Parme ; les officiers se montrèrent mal disposés, et la noblesse aima mieux retourner dans ses châteaux. Le duc de Parme put donc continuer paisiblement sa route. Le roi fit son entrée à Caudebec le 13 mai, il n'y trouva plus les provisions de blé que sa prévoyance y avait accumulées pendant le siège de Rouen ; les ligueurs, sans songer à eux-mêmes, avaient tout expédié vers la ville affamée.

C'est de Caudebec que le roi de Navarre congédia sa noblesse et renvoya ses troupes dans leurs quartiers ne se réservant que quelques milliers d'hommes pour harceler le duc de Parme.

Farnèse se sépara de sa cavalerie légère et la fit passer par Rouen ; cette cavalerie ne le rejoignit que le 15 à Mousseaux.

N'oublions pas que cette cavalerie était partie de Caudebec le 12 et que le 14 elle devait être à Toste surveillant les débouchés de la forêt de Pont-de-l'Arche. Farnèse exécutant une marche de flanc couvrait son flanc par sa cavalerie, prête à résister à la cavalerie d'Henri IV, qui pouvait arriver par Pont-de-l'Arche.

Après avoir fait passer son armée sur la rive gauche, Farnèse la met en marche le 14 et fait ce jour une marche forcée ; et cantonne au Neubourg. Il passe par Le Routot, Pont-Authou, La Neuville-du-Bosc et Le Neubourg, qui se trouve à 54 kilomètres de la Bouille et à 49 kilomètres de Bliquetuit.

Il fallait à tout prix échapper à Henri IV et ne pas risquer un combat d'arrière-garde.

CANTONNEMENTS DU 14

« Son Alteze et la court aux faulxbourgs de *Neubourg*.

« Toute l'Infanterye au *Neubourg*. »

Le lendemain 15 mai, Alexandre Farnèse fait encore une étape de 44 kilomètres ; il marche rapidement sur l'Eure, se fait rejoindre par sa cavalerie au Mousseaux, au nord-ouest d'Ivry, et passant avec son corps par Évreux, il occupe les cantonnements suivants :

CANTONNEMENTS DU 15

« Son Altesse et toute l'infanterie à *Bourset* (1). La cavallerye arriva ce même jour de Rouen, et logea toute ensemble à *Monceau* (2).

« Le train de l'artillerye, à *Petit-Monceau*.

Le 16 mai, l'étape est moins forte, l'armée ne fait que 22 kilomètres et va cantonner à Houdan et aux environs. Les cantonnements de la cava-

(1) Probablement Boussey, hameau de la Couture-Boussey tout proche d'Ivry-la-Bataille, canton de Saint-André (Eure).

(1) Mousseaux-Neuville, même canton.

lerie ne sont plus sur le flanc, ils sont maintenant en avant à Bazainville, à 5 kilomètres d'Houdan. Les cantonnements prennent du large, on a échappé à l'ennemi, la marche devient normale.

LE 16

« Son A. et sa court à *Houdan* (1) et avec Elle les tercios de Camillo Capizuchi et les régiments de Balançon et de Barbançon.

« Le tercio de don Alonso et celluy de don Luys et les régiments de son A. et de Curtz à *Molet* (2).

« Le tercio de don Antonio et les régiments des comtes de Boussu et de Furstenberg et de don Juan Maurique et de la Bourlotte à *Saint-Lubin* (3).

« La cavallerye legere à *Busieville* (4).

« Les reytres et hommes d'armes à *Bensonville* (5).

(1) Houdan, chef-lieu de canton de l'arrondissement de Mantes, Seine-et-Oise.

(2) Maulette, canton de Houdan.

(3) Saint-Lubin-de-la-Haye, canton d'Ault, arrondissement de Dreux.

(4) Buzainville, canton de Houdan.

(5) Probablement Goussainville, canton d'Ault.

LE 17

« Son A. et sa court et le tercio de Camillo Capizuchi et les régiments desdits s[rs] de Balançon et de Barbançon à *Villepreu* (1).

« Les deux corps d'Infanterye à *Plesy* (2).

« La cavalerye légère à *Fonteny–Siry* (3).

« Les reytres et hommes d'armes à *Plezy*.

« Les vivres et hospital à *Bois-Joyeux*.

« L'artyllerie et son train à *Molmeo* et un petit village auprès.

« M. de Saint-Paul à *Noizy* (4).

« Monseigneur d'Aumale à *Trappe* (5).

« Les troupes de Bourgogne à *Niaufle-le-Vieux*. (6).

LE 18

« Son A. et sa court et toute l'infanterye logea à *Medon* (7).

(1) Villepreux, canton de Marly, arrondissement de Versailles.

(2) Plaisir, même canton.

(3) Probablement Fontenay-le-Fleury, canton de Versailles et Saint-Cyr.

(4) Noizy-le-Roi, canton de Marly.

(5) Trappes, canton de Versailles.

(6) Nauphle-le-Vieux, canton de Montfort-l'Amaury, arrondissement de Rambouillet.

(7) Meudon, canton de Sèvre, Seine-et-Oise.

« Toute la cavallerye au long de la Seine tirant vers Paris.

« L'artyllerye et vivres en deux hameaux là auprès. »

Alexandre Farnèse est donc arrivé devant Paris le 18 mai, en faisant depuis Houdan une moyenne de 20 kilomètres par jour. Beaucoup d'auteurs croient qu'il a passé la Seine à Saint-Cloud, pour de là retourner à Arras. Je crois que le duc de Mayenne et les troupes françaises passèrent la Seine à Saint-Cloud pour entrer dans Paris, car, à partir du 19, nous ne voyons plus figurer que des troupes espagnoles, et la marche se continue jusqu'au 30 de mai, époque à laquelle Farnèse arrive devant Château-Thierry ; il met 12 jours pour arriver devant cette ville et ne fait pas plus de 20 kilomètres en moyenne par jour.

LE 19

« Son Altesse et sa court logea à *Villijoy* (1).

« Le corps de don Antonio et Camillo et de Capizuchi et les vivres à *Gantily* (2).

(1) Villejuif, canton de l'arrondissement de Sceaux.

(2) Gentilly, canton de Villejuif.

« Le corps de don Alonso avec son Altesse à *Villejoy*.

« L'artillerye à *Bagneu* (1).

« Les hommes d'armes et reytres à *Bagneu*.

LE 21

« Son Altesse et sa court à *Lesigny* (2).

« Don Antonio de Cuniga et les régimens des comtes de Furstenberg et Boussu et des s[rs] Don Juan Maurique et de Bourlotto à *Attily*.

« Le tercio de don Alonso et celluy de don Luis et les régiments de son Altesse et de Curtz à *Villemesson* (3).

« L'artillerye aux *Oison-le-Bougy* (4).

« Toute la cavallerye légère à *La Queue* (5).

« Les reytres et hommes d'armes à *Roussy* (6).

« Les vivres et hospital à *Romayne* (7).

(1) Bagneux, canton et arrondissement de Sceaux.

(2) Lesigny, canton de Brie-comte-Robert, arrondissement de Melun.

(3) Villemoison, canton de Lonjumeau, arrondissement de Corbeil, Seine-et-Oise.

(4) Probablement Ozouer-le-Voulgis, canton de Tournan, arrondissement de Melun.

(5) La Queue-en-Brie, canton de Boissy-Saint-Léger, arrondissement de Corbeil, Seine-et-Oise.

(6) Roissy, canton de Tournan.

(7) La grande Romagne.

LE 22

« Son Altesse et sa court à *Tornan* (1).

« Les deux companyes de sa garde à *Ville au bois* (2).

« Don Alonso Dydraques et don Luys de Velasio et les regimens de son Altesse et Curtz et le tercio de Capizuchi et les régiments de Balançon et Barbançon à *Châtre* (3).

« Le tercio de Don Antonio et les régiments des comtes de Boussu et de Furstemberg et de don Juan Maurique et la Bourlotte à *Liverdin*.

« L'artillerye aux Faulxbourg de *Tournon* appelé la Maladerye.

« Les vivres et hospital : Faulybourg de *Tournon*.

« Les 17 compagnies du commissaire général à *Lumigny*.

« Les reytres à *Malton*.

« Les dix compagnies à la charge de Courardin à *Doguin*.

« La cavallerye franzoise à *Marles*.

(1) Tournau, chef-lieu de canton de l'arrondissement de Melun.

(2) Serait-ce La-Ville-du-Bois ? canton de Palaiseau, arrondissement de Versailles.

(3) Châtres, canton de Tournau.

LE 24

« Son Altesse et sa court à *Ferremontin* (1).

« Les deux companyes de la garde à *Bernon*.

« L'artillerye à *Vomeuse* (2).

« La cavallerye du commissaire général à *Seyn*.

« Les dix compagnies des Pays-Bas à *Toquin*.

« Les reytres à *Choisy*.

« Le corps de don Alonson de Capizuchi à *Guerart*.

« Le corps de Don Antonio à *Montauclaire*.

« La cavallerye de Bourgogne à *Tailly*.

« Les chevauls-légers Franzois à *Selle* (3). »

Ce jour était un dimanche et les troupes épuisées se reposèrent complètement ce jour-là, ainsi que le jour suivant. Nous retrouvons :

LE 26

« Son Altesse et la court à *Rebetz* (4).

« L'artillerye à *S*[t]*-Denis*.

(1) Faremoutiers, arrondissement de Coulommiers.

(2) Pommeuse, sur le Grand-Morin.

(3) La Celle-sur-Morin.

(4) Rebais, chef-lieu de canton, arrondissement de Coulommiers.

« Le corps de don Antonio et de Capizuchi à *St-Rémy* (1).

« Le corps de don Alonzo à *St-Symon* (2).

« La cavallerye ne bouge.

« Les reytres à *Chauffry* (3).

LE 30 DE MAY

« Son Altesse et sa court logea à *Château-Thery* (4).

« Les deux companyes de ses gardes à *Nogutel* (5).

« Le tercio de don Luys de Cuniga et le régiment de Curtz à *La Frète-Gauchez* (6).

« Le régiment du comte de Boussu à *St-Ouen*.

« Le régiment de Furstemberg à *Fontenelle* (7).

« Le tercio de don Antonio au faulzbourg de Chasteau-Thery.

(1) Saint-Remy, canton de La Ferté-Gaucher.
(2) Saint-Siméon, id.
(3) Chauffry sur le Grand-Morin, arrondissement de Coulommiers.
(4) Château-Thierry, sous-préfecture.
(5) Nogentel au sud de Château-Thierry, rive droite de la Marne.
(6) Nogent-l'Arnaud, rive gauche de la Marne.
(7) Fontenelle au sud de Château-Thierry, canton de Montmirail.

« Le regiment de la Boulotte et don Juan Maurique et quattre companyes de cheval à *Montmiral.*

« Douze companyes du Comissaire général et le régiment de son A. à *Joru.*

« Les dix companyes de cheval du Pays-Bas à *Fontenelles.*

Le train de l'artillerye et le régiment du sieur de la Motte à *Nogent-Lortan* (1).

Le régiment du sieur de Barbanzon et le train de la court à *Chesy* (2).

Les vivres et hospital à *Estampe* (3).

La Biche et Maldeghem à *Vifort* (4).

(Archives de l'audience (liasse 298.)

Alexandre Farnèse accompagna les troupes jusqu'à Château-Thierry et laissant le commandement à Rainuce, il se fit transporter à Spa, espérant que l'effet des eaux apporterait quelque soulagement à ses douleurs. Il n'en fut rien, notre héros mourut le 3 décembre 1592.

Nous venons de parcourir une des campagnes

(1) Nogent-l'Artau, rive gauche de la Marne.

(2) Chierry, village à l'ouest de Château-Thierry.

(3) Etampes, village à côté de Château-Thierry.

(4) Viffort, village situé au sud de Château-Thierry, sur la route de Château-Thierry à Montmirail.

d'un grand général d'un grand caractère, et, ce qui nous a frappé, c'est de trouver chez lui les deux qualités qui sont le propre des hommes de guerre : la volonté, le courage.

Farnèse avait une volonté de fer, il l'a prouvé au moment de sa retraite, il l'a prouvé encore en se faisant obéir d'une armée composée d'éléments différents, tout prêts à déserter, à se désagréger et à s'insurger. Ses lieutenants étaient de grands seigneurs, des princes du sang, qui s'inclinaient devant ce caractère indomptable qui commandait en maître et n'admettait aucune réplique. Pourquoi donc ce grand général dans ses deux campagnes, que nous venons de raconter, n'a-t-il jamais attaqué Henri IV en rase campagne et a-t-il toujours évité le combat, se contentant de se montrer avec son armée, de faire lever le siège de Rouen comme il avait fait lever le siège de Paris, sans jamais livrer de bataille décisive ?

« Je fais ce que je puis, dit Henri IV pour les attirer au combat, et eulx aultrement employent toute leur industrie pour m'esviter et m'eschapper s'ils peuvent, se trouvant bien plus engagez qu'ils n'avaient pensé le pouvoir estre, et

volonté de passer ou de mourir, sa belle armée l'aurait suivi, sa volonté serait devenue celle de tous, et le sang de nos soldats aurait marqué dans l'histoire une page héroïque.

Pour marcher au combat il faut un entraîneur, un panache blanc ; l'homme est comme la bête, il possède l'instinct de la conservation, et sauf des caractères héroïques, il n'ira pas chercher le danger. Ce fait s'est passé à Metz, Bazaine hésite, ses sous-ordres hésitent, quelques-uns ont voulu s'insurger en demandant une sortie générale, les tièdes les ont blâmés.

Les tièdes en avaient assez ; ils avaient vu tomber à côté d'eux leurs camarades à Gravelotte, à Mars-la-Tour, à Noisseville et espéraient entretenir Bazaine dans son hésitation.

La nature humaine est ainsi faite, elle obéit aux forts, aux puissants. Napoléon a fait de grandes choses, parce qu'il considérait que tout était possible. Un chef d'armée ne doit jamais envisager l'impossible, suivez mon panache, en avant, voilà le cri qu'il doit savoir faire entendre, et que ses sous-ordres doivent répéter.

Une armée est cernée, tournée, cela peut arriver. Que le cri du chef soit : en avant !

Un cours d'eau se présente, disons comme Alexandre Farnèse : en avant !

Une ville est assiégée, investie, disons comme le maréchal de Villars, Masséna, Dominé : en avant !

Répétons ce cri avec la cavalerie de Margueritte à Sedan, et nos ennemis diront encore : Ah ! les braves gens ! ! !

CONSIDÉRATIONS GÉNÉRALES

Nous ne voulons pas terminer cette étude sans parler de notre arme, et sans faire connaître au lecteur la cavalerie au XVIe siècle.

La bibliothèque de Rouen possède un ouvrage précieux, c'est celui dont nous avons déjà parlé. Il a pour titre : *Du Gouvernement de la cavalerie légère*, par le comte Basta (traduit de l'italien, 1616).

Ce comte Basta était un des lieutenants de Farnèse et commandait sa cavalerie légère. Rien de plus rationel que d'étudier la manière de combattre de cette cavalerie qui comptait dans cette armée et dans celle d'Henri IV, 16,000 hommes environ.

Nous verrons que rien n'est changé et que les ordonnances du comte Basta sont les mêmes que les nôtres.

Cet ouvrage est remarquablement bien fait, on pourrait croire que le général de Brack, notre auteur préféré, a été inspiré par la lecture de ce recueil de principes qui n'ont point vieilli.

Le Gouvernement de la cavalerie légère, par le comte Basta, se divise en quatre livres subdivisés eux-mêmes en un certain nombre de chapitres.

Notre service en campagne de 1884 se divise en cinq titres comprenant également un certain nombre de chapitres. Le titre V traite les généralités.

Les livres II et III du *Gouvernement de la Cavalerie* traitent tous les chapitres contenus dans notre règlement du 10 juillet 1884. Le livre I traite des questions générales et le livre IV traite les manœuvres et le combat.

LIVRE I

CHAPITRE I

DES OFFICIERS EN GÉNÉRAL

Il faut dans l'arme de la cavalerie des officiers vigoureux, adroits, intelligents, car les exercices militaires « sont subjets à beaucoup de dangers sans celuy de l'ennemi. »

La noblesse, sans autre mérite, n'est pas suffisante pour commander un régiment.

L'officier doit apprendre à obéir avant de commander.

Le soldat, habitué aux dangers, ne se trouble pas, mais prend de suite un meilleur parti.

Les officiers doibvent proposer pour dernière fin l'honneur et y espérer au plus hault degré.

Le chef de guerre ne se doit fier de son propre jugement qu'il n'en ait fait part à ses officiers.

Ce qui veut dire, que le chef d'une troupe ne doit jamais rien entreprendre sans avoir fait comprendre sa mission, son but, aux officiers qui sont sous ses ordres.

Le chef doit scavoir dextrement juger de l'habileté et inclination de ses soldats.

Un chef qui ne tient pas ses hommes dans sa main et qui ne les meut pas tous comme un seul homme, est indigne de sa position.

Le chef ayant autre fin que l'honneur cause plusieurs inconvénients en une armée.

Continence réquise en un capitaine. Les vices du capitaine passent au soldat.

Laissons parler de Brack :

« Quelquefois un corps d'officiers ou de sous-officiers est mou, sans énergie, sans action, sans élan ; c'est presque toujours la faute du commandant du régiment ; on ne peut pas plus commander un régiment sans verve, que le plus habile des pilotes ne peut gouverner un vaisseau en pleine mer lorsqu'aucun vent n'enfle ses voiles. »

« Il faut que le chef s'inspire à son régiment de telle façon que ses mouvements personnels enlèvent ou ralentissent l'action générale ; que sa troupe fasse corps avec lui, que sa pensée soit la sienne, et sa confiance celle qu'il donne ; mais cette confiance intime, entière, instinctive, fait dire aux soldats dans toutes les positions : « Il est là, ça suffit ! »

CHAPITRE IV

DES OFFICIERS MINEURS (SUBALTERNES)

Le capitaine doit remédier en temps aux factions de sa compagnie.

Ce qui veut dire : on doit établir des tours de service.

Le lieutenant doit succéder au capitaine.

Le porte-enseigne met les corps de garde en garnison, mais le lieutenant les met en campagne.

L'office du fourrier n'est pas vil, il prend le mot du guez, doit être discret, et répartit les quartiers, il paye la troupe.

Un trompette ne doit pas seulement scavoir les signaux, mais faire et rapporter des ambuscades de l'ennemi.

Il faut de bons maréchaux.

Nous voyons donc quels étaient les cadres d'une compagnie à cette époque.

Le capitaine, le lieutenant, le porte-enseigne, le fourrier (maréchal des logis chef), les trompettes et les maréchaux ne comptaient pas dans le rang.

CHAPITRE IV

DES HOMMES DE TROUPES

Les arquebusiers sont tantôt à pied, tantôt à cheval et débusquent les villages. Ils doivent avoir de bons chevaux et être jeunes et robustes.

Les lanciers sont inventés pour percer et diviser un escadron et sont montés sur des chevaux de prix. Leur armement se compose de la lance, du sabre et des pistolets.

La cavalerie se composait donc d'arquebusiers et de lanciers.

Les reîtres étaient la cavalerie lourde.

Leur tenue était en pourpoint, chapeau de feutre huguenot, grandes bottes.

Les arquebusiers, comme nous le verrons, étaient les éclaireurs des lanciers.

LIVRE II

DE L'ASSURANCE DES LOGEMENTS

CHAPITRE I

LOGEMENTS

Dans ce premier chapitre l'auteur traite des logements en général et est d'avis que la cavalerie doit toujours être logée.

Pour se rendre au logement, dit-il, la connaissance d'un pays par la carte ne suffit pas, il faut employer des guides, des paysans.

CHAPITRE III

DE LA NÉCESSITÉ D'ASSURER LES QUARTIERS

La cavalerie est facile à surprendre; il faut seller, brider, monter à cheval, il est donc essentiel de pourvoir à sa sécurité dans les logements; le plus beau exploit entre cavalerie est de surprendre les quartiers.

CHAPITRE IV

EN QUOI CONSISTE L'ASSURANCE DES QUARTIERS

L'assurance consiste à gagner du temps, de s'armer et de venir, et on gagne ce temps en rendant les advenues difficiles à l'ennemi.

Notre *Service* de 1884, dit « Art. 121. — Les avant-postes ont pour mission :

« De protéger la troupe qu'ils couvrent contre toute surprise, et de lui donner le temps de prendre ses dispositions pour repousser les attaques de l'ennemi. »

CHAPITRE V

ASSURANCE D'UN VILLAGE

Il est utile de loger à couvert. Pour l'assurance des villages ouverts on emploie les barricades, les corps de garde. Les arquebusiers sont aux corps de garde, avec des cavaliers en avant du village.

Ce n'est pas autre chose que nos petits postes.

CHAPITRE VI

DE LA PLACE D'ARMES

Cette place d'armes est de jour sur le front du village, de nuit sur les flancs.

Il faut assigner une place à chaque compagnie ; c'est ce que nous appelons aujourd'hui le lieu de rassemblement.

CHAPITRE VIII

DES SENTINELLES

Les sentinelles sont à cheval de jour comme de nuit. Les sentinelles sont doubles ; l'une rend compte de ce qu'elle a vu, l'autre observe.

Les sentinelles occupent toutes les advenues du village, une sentinelle simple est en avant du corps de garde, observant les sentinelles doubles.

Une des sentinelles, à la vue de l'ennemi, part vite advertir, l'autre observe.

On les place de jour sur les lieux éminents, de nuict en lieux bas, veu que par l'obscurité on voit facilement tout ce qui vient d'en haut.

Les rondes se font par le capitaine, lieutenant, porte-enseigne.

CHAPITRE IX

DES AVANT-COUREURS ET CHEVAUCHÉES POUR BATTRE LES CHEMINS

Quatre ou cinq chevaux pour chaque advenue, et les mieux exercés et mieux montés, font des poinctes dans la campagne.

A la vue de l'ennemi ils ne se retirent pas par les mêmes chemins, mais pour tromper, se retirent par des chemins opposés.

Voyons ce que dit notre *Service* de 1884 :

« Les avant-postes comprennent une partie fixe et une partie mobile.

« Un factionnaire à pied est placé à quelques pas en avant du petit poste; il prévient de tout ce qui se passe sur la ligne des vedettes, et de tous les incidents qu'il peut remarquer.

« Les vedettes sont des cavaliers placés en première ligne pour observer l'ennemi et avertir de ses mouvements ; elles sont à cheval et placées par groupes de deux cavaliers : l'une d'elles reste immobile et observe; l'autre peut de temps à autre parcourir les sinuosités, les replis du terrain, les escarpements des chemins creux, et assurer, s'il y a lieu, la communication avec les vedettes voisines.

« La nuit, on les place dans les lieux bas, pour qu'elles distinguent mieux ce qui vient d'en haut. »

Ce qui correspond aux avant-coureurs, ce sont nos patrouilles :

« Art. 145. — Les patrouilles lancées par les avant-postes concourent, en explorant le terrain en avant de la ligne des vedettes, de la manière la plus efficace à la sûreté des troupes en arrière. Elles se composent de quatre ou cinq cavaliers et, autant que possible, elles ne reviennent pas par le chemin qu'elles ont suivi au départ. »

LIVRE III

DES MARCHES

Des bonnes ordonnances au marcher dépend aussi la bonne et prompte disposition des plus dangereuses batailles qui sont celles qui par force se font subitement sur le chemin comme subiettes à plusieurs accidents principalement du lieu et du temps, de sorte qu'il y a aussi plusieurs advertissements nécessaires, lesquels tant pour les traicter par bon ordre, que pour amour de la briéveté i'ay recueilli en ces trois points principaux, parlant premièrement des choses qu'on doit considérer devant que les gens se mesurent.

De cognoistre le chemin qu'on doit faire et avoir langue de l'ennemi.

Après de conduire les gens au rendez-vous ou place d'armes ou sera traité des ordres qui sont donnez du gouvernement du bagage et encore quelque chose des soldats.

Pour le troisième de la distribution particulière du tracé du chemin : où nous parlerons des avant-coureurs, de l'ordre des troupes en pays large tant de jour que de nuict, et finalement comment les mêmes troupes sont conduictes par pays étroits avec un advertissement très utile du repartiment des lieux et rangs des capitaines pour quelques chevauchées extraordinaires.

CHAPITRE II

QU'ON DOIT AVOIR NOTICE DU CHEMIN ET COMMENT ON L'ACQUIERRE

Les cartes sont insuffisantes, on prend des guides,

on choisit des marchands, on les lie et on les donne en garde et on les récompense si ils font bien.

Art. 30 du règlement de 1884 :

« Le choix des guides doit porter sur des hommes intelligents, et particulièrement sur des cantonniers, des facteurs, des braconniers, des douaniers, des contrebandiers, des gardes champêtres ou forestiers.

« Si l'on a quelque raison de se défier d'un guide, on le place entre deux cavaliers chargés de le surveiller et qui l'empêchent de communiquer avec les autres cavaliers ou avec toute personne étrangère à l'armée. On n'hésite pas à l'attacher; au besoin on use de rigueur contre lui. S'il sert bien, on le récompense. »

CHAPITRE II

DE PRENDRE LANGUE

On prend langue par les espions pour connaître l'adversaire. On leur fait des prisonniers. C'est ce qu'on appelle prendre langue.

Il ne faut qu'une troupe de quinze ou vingt chevaux pour prendre langue. Arquebuziers de préférence comme plus légers et plus prompts, ils doivent être ieunes et bien dispos pour résister au travail et mettre subitement pied à terre et remonter gaillardement. Ils devront avoir des vivres et là où ils trouveront quelque ombre d'arbres ils s'y pourront rafraischir mettant entre temps des bonnes sentinelles.

Ce chapitre a trait à notre service de découverte, et la dernière phrase est curieuse, c'est notre prescription des haltes gardées.

CHAPITRE III

EN QUEL ORDRE ON SORT DE LA PLACE D'ARMES POUR MARCHER

Le chef donne son instruction par écrit afin d'éviter toute confusion, desquelles il en donnera à chacun des capitaines, de bonne heure, afin que le signal donné, ils comparoisse au rendez-vous en tel rang et lieu qui lui aura esté commandé, dont le premier sera l'avant-garde après le bataillon et l'arrière-garde.

Ces quelques lignes renferment notre ordre de marche actuel :

Ordres de mouvements.

Point initial.

Avant-garde.

Gros.

Arrière-garde.

Il est bon ici de mettre en regard les instructions du général Lewal :

« Il est possible d'établir une formation normale, puisqu'il y a des données certaines. Le type donnera, pour l'immense majorité des cas, la meilleure utilisation des forces des hommes et des animaux. Sa fixité produira les résultats les plus parfaits. Le mouvement réclamant surtout la méthode et la régularité, il importe de s'attacher à un ordre et de l'observer toujours. « Il est « incontestable, suivant M. de Ternay, que la « manière dont la machine militaire est montée « à l'ouverture de la campagne influe toujours « beaucoup sur la manière dont elle se soutient « pendant tout son cours. » (*Traité de tactique*, tome Ier, page 4). Il faut, par conséquent, bien établir son ordre de marche dès le début et n'en point changer. Enfin, puisque l'expérience montre que, dans la plupart des circonstances, on recourt au même dispositif, ne vaut-il pas mieux en adopter un logique et rationnel, plutôt que de suivre certains errements routiniers, parfois assez médiocres.

« Comme règle absolue, en campagne, on se considérera toujours en station comme en partance, à toutes les heures du jour ou de la nuit, et comme je l'ai dit, les mesures seront constamment prises en vue d'un mouvement très prochain. Ce sera l'état habituel, et chacun devra être bien au courant de tout ce qui lui incombe en cas de départ, comme de la place qu'il occupera. Il n'est pas nécessaire pour cela de connaître l'heure de la mise en route, ni la direction à suivre. Ce sont des choses absolument distinctes, et nous différons beaucoup d'opinion, tant avec l'usage consacré qu'avec ce qui s'enseigne communément.

« On a l'habitude de réunir le dispositif de marche à l'ordre de mouvement et souvent même aux instructions. Le mélange ou la réunion de ces trois parties n'est ni heureux, ni expéditif, et il est bien préférable de les séparer, attendu qu'elles n'ont ni le même but, ni la même destination.

« Le dispositif de marche s'adresse à tout le monde. Les heures de départ et quelquefois les directions varient pour les différentes fractions; puis les instructions ne sont destinées qu'à un petit nombre de personnes, les généraux, les commandants de colonne ou de détachement et les chefs de régiment exceptionnellement. Il n'y a donc pas lieu de traiter ces trois genres de communications de la même manière et surtout de les rassembler dans le même document.

« Tous les hommes de guerre pratiques ont reconnu l'utilité de faire pressentir aux troupes qu'elles vont faire mouvement, sans en découvrir toutefois le motif ou le but. Thiébault, notamment, s'exprime ainsi : « Plus le mouvement sera long, « plus il sera à désirer qu'il puisse être su « d'avance ; il n'y a que la nécessité du secret, « ou un cas très pressé, qui doive déterminer à ne « pas sauver aux troupes l'inconvénient et les « désordres des départs précipités. Ainsi, dans « la première supposition, si l'on pouvait leur « faire pressentir le mouvement qu'elles doivent « faire, sans en découvrir le motif ou le but, on « le devrait toujours. » *Manuel des états-majors*, page 71 :

« La même chose se produit pour une brigade et même pour un régiment. Nous verrons plus loin comment, au moyen d'un graphique, on parvient très facilement à faire les calculs de temps nécessaires aux indications à fournir à chacun.

« La seconde indication de l'ordre de mouvement concerne l'heure de la première halte et celle de la deuxième. Leur durée est invariablement de dix minutes; et comme toutes les autres ont lieu ensuite d'heure en heure, chacun sait exactement à quels moments il doit s'arrêter, et tous les éléments de la colonne opèrent les haltes en même temps, sans attendre ni avis, ni signaux. Un règlement journalier des montres suffit pour assurer la régularité. Ce système contrarie un peu les doctrines si opiniâtrement enseignées sur le soin à apporter au choix des lieux de haltes. J'ai déjà dit qu'il y a impossibilité à le faire pour les grandes colonnes et de graves inconvénients pour les petites.

« Si l'étape comporte une grand'halte, elle sera mentionnée dans l'ordre de mouvement, en spécifiant l'endroit où elle aura lieu, et le nombre de kilomètres à parcourir pour y arriver, afin que tout le monde soit bien fixé et agisse en conséquence.

« L'ordre de mouvement fait connaître d'une façon précise la route à suivre, ses principaux points ou accidents, la longueur de l'étape, le lieu de stationnement. Ces données doivent descendre jusqu'aux chefs de régiment ou d'unités indépendantes, de telle sorte qu'il n'y ait d'incertitude pour personne, que chacun suive bien la direction prescrite et la rejoigne si un accident ou une erreur l'amenait à s'en écarter.

« On ne saurait trop s'attacher à renseigner ses sous-ordres; cependant on fait généralement le contraire. On croit fréquemment montrer de l'habileté en cachant tout, en faisant de la diplomatie, comme on dit assez improprement. On tient secrètes des choses qu'il y a tout intérêt à révéler, et au moment du péril, tous hésitent, parce qu'aucun ne sait. »

CHAPITRE IV

DE L'ORDRE DU BAGAGE A MARCHER

Le bagage du capitaine marche le premier, ensuite celui du lieutenant, etc., le lieu où il doit marcher est incertain et est changé selon le soupçon du danger, duquel il doit être autant que possible esloigné. Le bagage marche sur un rang nonobstant que le mouvement en soit plus lent et pesant.

Les valets et pages marchent auprès des chariots et du bagage.

Le lieutenant marche en queue et veille au bon ordre.

CHAPITRE V

DU PREMIER RÉPARTIMENT DES GENS

Les capitaines roulent entre eux pour le commandement de l'avant-garde.

CHAPITRE VII

AVANT-COUREURS

Des avant-coureurs inexperts causent dommage, la peur trouble la vue. Les avant-coureurs se mettent en queue et sur les flancs si le danger est de ses côtés; en pays découvert et en temps de brouillard les avant-coureurs sont moins nombreux.

CHAPITRE VIII

EN QUEL ORDRE ET RÉPARTIMENT LES TROUPES MARCHENT

Chaque troupe de lance a en avant quelques arquebuziers et en queue quarante à cinquante arquebuziers.

Les arquebuziers étaient les éclaireurs des lanciers.

De nuit on place des jalonneurs pour indiquer aux fractions de troupes qui suivent la direction de la route.

LIVRE IV

QUI MONTRE LA MANIÈRE DE LA RANGER ET ORDONNER EN BATAILLE CONTRE AUTRE CAVALERIE

1° En file une troupe derrière l'autre;
2° Toutes de front;
3° Escadrons meslés en certain nombre l'un derrière l'autre;
4° Lunaire en forme de demi-lune.

De Basta discute ces quatre ordres qui sont à peu près les mêmes que maintenant :

La masse.
La ligne de bataille.
Les trois lignes.
L'attaque sur les flancs.

De Basta considère le premier comme dangereux en cas de défaite, la peur se communique aux derniers, et les premiers bousculés gênent les autres.

L'escadron se formait non comme maintenant, sur deux rangs, mais se formait sur six rangs de sept ou huit cavaliers, et adoptait une forme carrée.

La formation en bataille, dit-il, a un inconvénient, c'est de ne pas pouvoir se flanquer et de ne pas avoir de réserves. La formation des escadrons les uns derrière les autres, avec intervalle de déploiement est la meilleure, dit-il.

Nous venons de voir que la cavalerie, il y a trois siècles, avait les mêmes prescriptions que les nôtres pour marcher au combat, les manœuvres seules étaient différentes et le mode d'attaque était autre. Le progrès des armes à feu a donné à notre cavalerie une vitesse que la cavalerie de Napoléon ne connaissait pas ; il faut marcher vite et être mobile pour attaquer l'ennemi, et maintenant c'est par la rapidité de son galop, la diversité de ses attaques, que la cavalerie joue un rôle puissant avant, pendant et après le combat. Je ne puis donc mieux terminer cette étude qu'en citant quelques phrases du rapport au Ministre, formant l'*avant-propos* de notre règlement :

« Il fut un temps où la cavalerie pouvait se livrer à des tournois de vaillance, où l'intrépidité de ses chefs était presque exclusivement l'âme du succès, où l'éperon des cavaliers suffisait à lancer à courte distance les chevaux contre les rangs ennemis et y semer l'épouvante. » Mais maintenant, de quelque côté que l'on envisage son rôle, on voit que la cavalerie « est appelée à manœuvrer, toujours à manœuvrer, avant la charge. Ses chefs ont la difficile mission de résoudre, dans un temps très court et au milieu d'un tourbillon d'événements, l'énigme de la victoire ; ils doivent, comme par intuition et toujours sans hésiter, supputer les avantages et les risques qui surgissent ; il faut savoir graviter constamment dans une atmosphère de conditions vitales, telles que : ne pas se laisser surprendre, conserver l'impétuosité des chevaux, fouler un terrain praticable, etc. ; il faut discerner si un mouvement ennemi n'est pas un simulacre cachant un piège fatal, ou si l'on peut soi-même employer ce stratagème ; il faut consulter et favoriser l'efficacité de l'artillerie, se dérober aux nappes des feux ennemis, se mouvoir à propos et de tous côtés pour tourner ou prendre à revers, pour faire avorter des démonstrations hostiles, etc., etc. »

(*Rapport au Ministre*, 31 *mai* 1882).

APPENDICE

Lettre de Henri IV à M. de Beauvoir, Ambassadeur en Angleterre.

28 avril 1592.

Monsieur de Beauvoir,

Je vous ai escript de *Fontaine-le-Bourg*, premier logis que je fais pour venir chercher les ennemis, et le lendemain qui fut dimanche, je feiz encore une bonne journée, en sorte que le lundy sur le soir, j'approchai de ce lieu d'Yvetot, où il y avait de leurs troupes logées, qui se montrèrent hors du village à la faveur des haies, sans se vouloir esloigner de leur avantage, sinon après les avoir plusieurs fois agacez qu'un nombre d'eux s'avança, que je fais charger si vivement qu'ils ne purent se retirer sans perte de quelques-unes; et, entre autres, le sieur de Cantenomt, qui commandait à la retraite, nous demeura prisonnier.

Mon intention était de leur enlever le dit logis le soir même, mais parce qu'il était tard et mon armée un peu harassée d'avoir fait de suite trois journées assez longues, je remis ce dessein à aujourd'hui, ayant pris logis à moins d'une lieue près. Et ce matin, estant retourné de bonne heure, j'ai fait peu à peu à rapprocher de ce lieu par quelques régimens, tant de gens de cheval que de pied, faisant suivre le reste de mon armée, de façon que les ennemis, dont il y avait toujours un nombre de cavallerye au devant du village sans le vouloir quitter non plus que le soir précédent. Enfin, ils ont esté pressés de façon qu'ils se sont mis en fuite, et vu la poursuite qui en a esté faite, il en a esté tué ou prises plus de 80 ou 100, et entre les prisonniers est le fils du sieur de la Chastie et quelques autres gentilshommes. Et les ducs de Guise et de Mayenne estoient en personne en ce lieu avec les troupes de Saint-Paul et Vitry. Telles des dits contenant la Chastie et de quelques autres qui faisoient le nombre de cinq ou ou six cent chevaux. Les premiers des nostres qui sont entrez ont trouvé le dîner du dit duc de Mayenne prest, qu'il n'avait eu le loisir de manger; s'y est que ce ne fut si à temps que voyant la chasse s'y roide de leurs gens, il ne leur fallut aussi courir de sorte que le cheval du dit duc de Mayenne en estoit hors d'haleine, à ce qui m'a depuis esté rapporté. En partant d'icy ils y ont mis le feu en plusieurs maisons, tellement qu'une partie du village a esté brûlée. Et après leur avoir levé ce logis, je suis passé outre et leur en ai enlevé encore deux autres plus avancez d'un quart de lieue et non guere plus loin d'un lieu retranché ou leur armée estoit en bataille. Et ayant esté fait quelques escarmouches sur les dits lieux gagnés sur eux. J'ai aussi logé le reste de mon armée ès environ le plus près que j'ai peu. Voici ce qui s'est passé en ceste journée et selon que j'aye entendu tant par aucun des dits prisonniers que par autres moyens se trouvant surpris et prévenus du temps qu'ils ignorent qu'il me faudroit a avoir des forces suffisantes pour venir à eux, avant lequel ils faisaient estat de se retirer et voyant ne le pouvoir plus faire qu'avec beaucoup de danger et de perte, ils se révoltent, avec l'avantage de la place où ils sont campés et de la fortification qu'ils y ont faite, de temporiser en espérant que la longueur leur apportera quelque remède fait à faulte de pouvoir retenir mes forces ensemble assez longuement ou pour autre occasion. Mais j'espère qu'ils se tromperont à leur imagination.

Vous ferez entendre à la Royne, Madame ma bonne sœur, le contenu cy-dessus et continuerez l'instance que je vous ai mandé luy faire qu'il lui plaise faire donner le secours dont je l'ai suppliée encore me vouloir assister et sy tout ne pouvait estre si promtement assemblé, que dès qu'il y aurait mil hommes près, elle les vouloisssent faire passer, et faire suivre le reste à mesure qu'il y aurait semblable jusqu'à trois ou quatre mille que je luy ai demandé; car, ayant à forcer les dits ennemys en lieu ou l'assise et la fortification les avantage beaucoup, mesme contre la cavallerie, dont je suis le plus fort; il importe que je sois si fort en d'autres gens de guerre s'il est possible que je puisse surement venir à bout, comme j'espère que Dieu m'en fera la grâce avec la bonne garde de la ditte dame, laquelle elle ne me saurait jamais plus à propos pour y recueillir d'icelle quelque bon fruit en l'avancement de mes affaires. Sur ce, je prie Dieu, Monsieur de Beauvoir, qu'il vous ayt en sa sainte et digne garde. Escryt au camp d'Yvetot, le 28 avril quinze cent quatre vingt douze.

HENRY.

Le duc de Parme a esté blessé d'une arquebuzade en une main devant Caudebec, qui luy fust rendu avant-hier par composition.

Il me laisse pour sa blessure de comparaître aux affaires. *(Les trois lignes sont de la main du Roy).*

M. Unthon, ambassadeur d'Angleterre, escrys à M. le Grand Trésorier que ne trouverez à copier les lettres que je vous envoie; que la galère de Rouen a esté prise par les nostres, laquelle sert maintenant de beaucoup aux nostres. Qu'une lettre du prince de Parme au Roy d'Espagne a esté prise, laquelle est la mesme, ou du moins représente celle ou il dit qu'il est par faute de force pour faire teste au Roy, sa nécessité de fuire et le peu de moyens qu'il a de s'en retourner. Il se plaint fort du duc de Mayenne et des François, disant qu'ils l'ont comme trahi, l'ayant réduit par leurs mauvais conseils à une telle extrémité.

Que le Roy se résolvait de forcer le duc de Parme en son retranchement s'il voulait accepter le combat.

Que le Roy avait déjà lors 2,600 cuirasses françaises et 800 harquebuziers à cheval, et que l'on attendait quelques gens de pied. Que tous les jours, les troupes se réforçaient.

J'adjouteray de mieux que si vos troupes estoient près de luy, que sans doute il aurait le moyen de prendre le renard en sa tanière, en le prenant ou aydant à le prendre, comme je m'assure que votre prudence sait bien leur présenter, prendraient plus qu'un jour qu'ils ne feraient en dix ans, menant la guerre en leur pays, s'il eschappe de la, il leur sera bien malaisé de l'y reprendre une autre fois et s'y fera la guerre encore plus subitement et plus cauteleusement qu'il n'a jamais fait, car cela n'aura tenu que de l'affiner d'autant plus (1).

Analyse d'une lettre de Henri IV, datée de Varicarville, 1er mai.

Le lundi 28, Le Roy prit le logis d'Yvetot et deux autres plus proches.

« Le mercredy nous chevauchâmes pour voir le pays, et hier nous sommes approchés en un lieu plus près les ennemis ». Il alla reconnaître les ennemis avec six vingt piquiers et soixante mousquetaires. A cinq cent pas de leur logis, le Roy fut attaqué par quatre cents lanciers et sept à huit cents fantassins espagnols en deux endroits. Il y eut un combat meurtrier. Le sieur de Biron y était, les ennemis furent repoussés, et le soir le Roy fit retirer ses troupes. Mais les Espagnols revinrent une seconde fois à la charge et furent de nouveau repoussés.

(*Notes de M. Beaucousin.*)

(1) Bibl. nat. de Paris, PANTANIEU, 410-411.

Henry IV, 1592 (tiré d'un modèle de Babuze, Bibl. du Roy, in-fol. cote 9675 E; original chez Babuze).

Lettre d'Henri IV

Varicarville, 5 Mai 1592.

Hier, nous avons été armés et à cheval depuis une heure devant le jour jusqu'à cinq heures du soir. Les ennemis avaient fortifié un bois si près de nous que logeant de l'artillerie, ils pouvaient incommoder une partie de nos logis, qui n'était qu'à mille pas de leur retranchement. Il futrésolu dimanche soir qu'on attaquerait le lundi 4, à l'aube, mais l'armée peu facile à manier n'arriva sur le lieu de l'attaque qu'à huit heures, ce qui permit aux ennemis d'achever quatre petits éperons, « ce qui faillit rompre la résolution. » Les ennemis y logèrent mille Espagnols et mille Wallons, qui restèrent en bataille à l'extérieur de ce retranchement.

C'est alors que le Roy se décida à faire donner mille enfants perdus, qui emportèrent le retranchement après un combat violent. Trois cents ennemis restèrent sur la place et le reste fut mené dans le camp retranché *(probablement de Louvetot)*. Le baron de Biron fit une charge avec cinquante chevaux entre le hameau et le camp et en tua cent à cent vingt. On se canonna alors à distance, mais les ennemis ne quittèrent pas leur retranchement. Le Roy dit qu'il n'y a que les hommes à pourvoir de vivres, car le pays est si bon que les chevaux en trouvent à foison.

(*Notes de M. Beaucousin.*)

Lettre d'Henri IV, datée d'Yvetot, 7 Mai 1592.

A MON COUSIN LE DUC DE MONTMORENCY.

.... Quand à nos nouvelles de deça il n'y a pas grand changement depuis une dernière dépêche, sinon que j'ay ici, à ce siège, les Anglais et Wallons que je y attendais. Je n'ai pas pour cela voulu y faire encore grand effort, parce que les plus communs et certains avis sont que le duc de Parme estant fort pressé de ceux de Rouen, pour la grande nécessité de vivre où ils sont et laquelle ils ne veulent et ne peuvent plus supporter, se resoult de retourner pour les secourir. Or, je ne veux pas qu'il me surprenne qu'en estat de le pouvoir bien recevoir comme je m'y prépare le mieux que je puis tenant cependant ceux de Rouen, et ferrez qu'il ne peut entrer aucun secours de vivres, dont je suis adverti qu'ils ont telle faute qui les pourrait bien persuader à prendre party.

.... Et suis bien adverty que le duc de Parme confesse qu'il ne s'est jamais vu si empesché, et s'y est en perpetuelles piques et reproches avec le dit de Mayenne, oultre que l'importance du fait m'y presse assez d'y employer tout mon soin et labeur, parce que cesluy est bien coup de partie, le grand zèle courage que je cognois en tous ces princes, seigneurs et infime noblesse qui y accourt tous les jours, m'y enflamme tous les jours encore davantage et me donne aussy tout bon presage qu'il n'y peut que bien advenir.

L'incertitude n'y saurait estre longue, car ils pastissent telle nécessité de vivres qu'il faudra dans quatre ou cinq jours ou qu'ils se resolvent de prendre le large de la campagne, ou de venir librement au combat.

Il est vrai que dès cette heure il se juge bien qu'ils n'y viendront point volontairement et la connoissance qu'en ont les nostres est un redoublement de force.

Escript au camp d'Yvetot.

Lettre de Dominique de Vic.

10 Mai 1592.

Depuis ma lettre escripte le Roy est parti ce matin avec une partie de son armée et a donné sur les dix heures du matin dans Maulévrier ou estaient logez dix-sept cornettes des ordonnances de Flandre, six de cavaliers, celle du prince de Parme et trois de reistres, lesquels ayant l'alarme se sont retirés comme ils ont peu ou cinq hault ou estait avec canon et infanterie. Ceux qui ont été les plus paresseux ou vaillants y ont esté tuez et tous forcez leurs bagages ou chevaux pris ou foulez. Il s'y est gaigné grand butin en chevaux de service de bagages et avoient plus d'argent et de mailles. L'on estime cela à tant que je ne l'ozerais dire. Bien vous assuray-je qu'il a esté faite une charge par Messieurs le Grand et baron de Biron à la place forte, il y avait cinquante chevaulx et en la plus part des autres chacun d'eux n'y en avait près vingt et n'en n'ont jamais trouvé quatre fois autant qu'ils ne les ayant toujours chassez sans que pas un de leurs troupes se soient jamais voulu mesler.

Si pour aller a eux il n'y eust moins de passe dix chevaulx de front, la farce est assez jouée. Nos soldats de toutes nations les ont esprouvez et sont en couraige de façon que je voy que Dieu qui est le même aux ennemis l'augmente aux nostres. La retraite s'est faite s'en perdre personne au combat.

Le cornet de Chateauroux (!) a été blessé et le sieur de Saint-Remy. Le canon a tiré de part et d'autre, il y a quelques cornettes pris et l'on ne sayt encore à qui elles sont, voila l'effet de ce jourd'hui dimanche dixiesme. Paies à Maulévrier a cinq demi quart de lieue du camp du prince de Parme. L'on a l'écharpe du prince de Chimay qu'on tient pour moi et quelques maître de camp et autres dont on ne sait encores le nom à Yvetot ce X[e] may (1).

Lettre de Henry IV, datée d'Yvetot (11 may 1592) au cardinal de Bourbon.

MON COUSIN,

Hier, Durot fut toujours logez auprès de moi qui vous escrira plus particulièrement de ce qui ce passe.

Seulement je vous dirai qu'à un village appelé Maulevrier nous chargeames 31 cornettes des ennemis tant Espagnols, Wallons que reitres, nous les defismes et eusmes quatre de

(1) Bib. nat., Foud. François, 3960, vol. 25, BEAUCOUSIN.

leurs cornettes et plus de trois cens hommes à la place. Il y eut plus de trois à quatre cens chevaulx de gagnez et tout le butin qui vaut plus de 35,000 livres. Bref, c'est une des plus belles deffaites que nous eussions pu souhaitez et où nous avons perdu fort peu d'hommes n'ayant eu que trois à quatre de nos soldats tuez et peu de blessez entre lesquels ont esté le cornet de Chateauroux le maistre de camp, La Garde, Saint-Benoy. Je vous garde des cornettes pour parer l'église de Louviers et espère avec l'aide de Dieu que nous avons de quoy parer force aultres. Priez Dieu pour nous et je prie qu'il vous ayt.......

Yvetot, le XIe de May.

ACHEVÉ D'IMPRIMER

LE SEIZE AOUT MIL HUIT CENT QUATRE-VINGT-HUIT

PAR

PAUL LEPRÊTRE

IMPRIMEUR

75, RUE DE LA VICOMTÉ, 75.

ROUEN

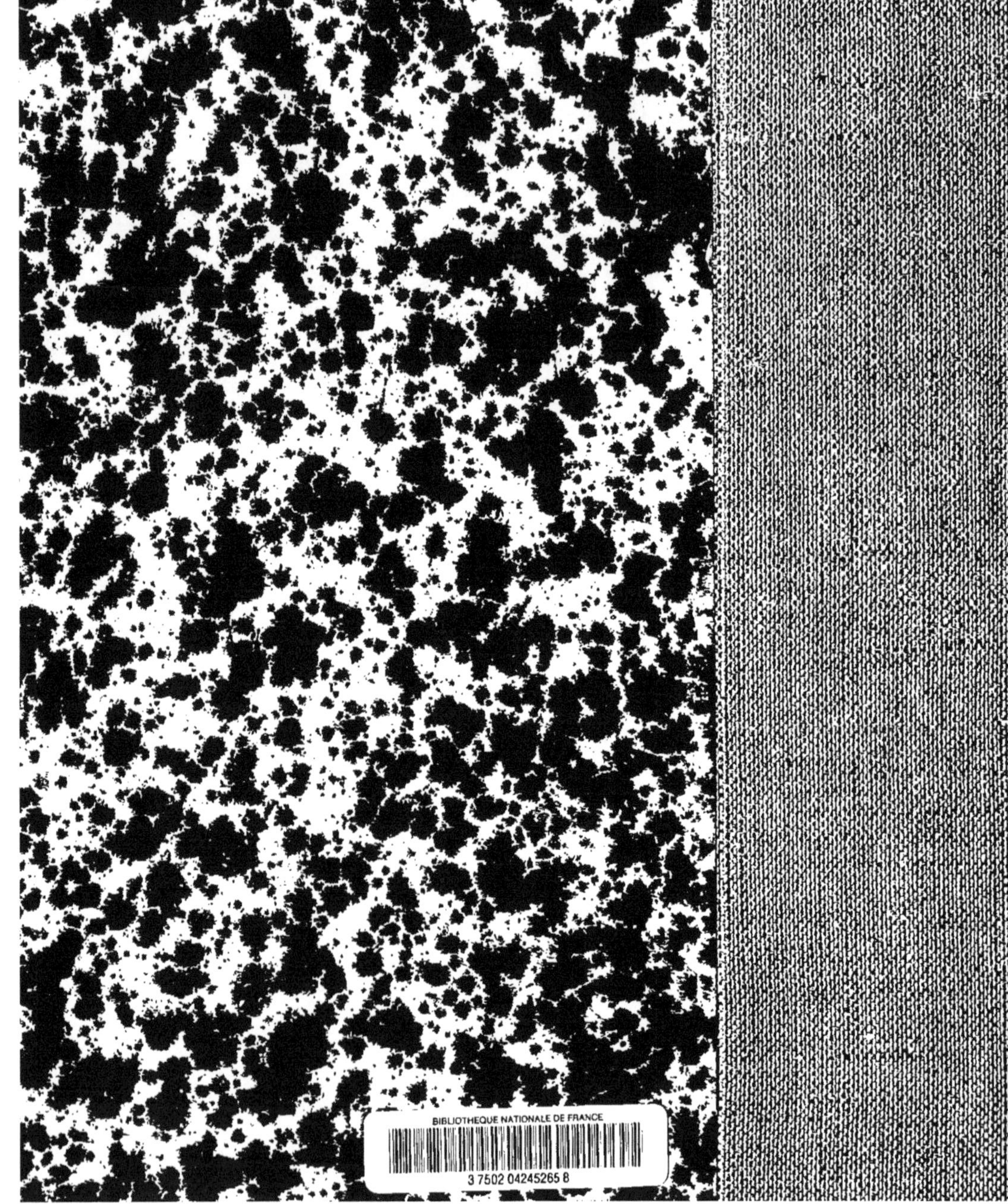

www.ingramcontent.com/pod-product-compliance
Ingram Content Group UK Ltd.
Pitfield, Milton Keynes, MK11 3LW, UK
UKHW021050200726
13857UKWH00003B/877

9 782012 939585